小巨人

与努力的人一起奔跑

别让低效会议毁掉你的团队

凌欣怡 ——— 著

广东经济出版社
·广州·

图书在版编目(CIP)数据

别让低效会议毁掉你的团队／凌欣怡著. —广州：广东经济出版社，2024.8
ISBN 978-7-5454-6577-8

Ⅰ. C391.47

中国国家版本馆 CIP 数据核字第 20245HH692 号

责任编辑：刘　倩
责任校对：李玉娴
责任技编：陆俊帆
封面设计：集力書裝 彭　力

别让低效会议毁掉你的团队
BIERANG DIXIAO HUIYI HUIDIAO NIDE TUANDUI

出 版 人：刘卫平
出版发行：广东经济出版社（广州市水荫路 11 号 11～12 楼）
印　　刷：广州市豪威彩色印务有限公司
　　　　　（广州市增城区宁西街新和南路 4 号一楼 106 房）

开　本：787mm×1230mm　1/16	印　张：10.75
版　次：2024 年 8 月第 1 版	插　页：1
书　号：ISBN 978-7-5454-6577-8	印　次：2024 年 8 月第 1 次
定　价：69.80 元	字　数：145 千字

发行电话：(020) 87393830　　　　　　　　编辑邮箱：gdjjcbstg@163.com
广东经济出版社常年法律顾问：胡志海律师　　法务电话：(020) 37603025
如发现印装质量问题，请与本社联系，本社负责调换。
版权所有 · 侵权必究

亲爱的读者，很高兴你能选择这本书，相信打开这本书的你一定或多或少有一些关于团队会议的困惑。那么，在正式阅读本书前，请你或者团队成员对照表格自测一下团队的会议现象吧！这个表格中出现的问题都将在书中进行原因分析并提供工具和解决方法！

测评：会议评估表（0～5分，5分为经常出现，0分为几乎没有出现）

序号	会议现象	评分（0～5分）
1	参会者总是过多，仅与某个环节相关的人员也全程参与	
2	关键参会人员没有参加	
3	最高决策人总是打断其他参会者的发言，或者进行评价	
4	最高决策人总是第一个发言	
5	会上每个参会者都不敢畅所欲言	
6	部分参会者霸占了话语权	
7	对别人的发言有疑问时，不敢轻易提问、深入交流	
8	参会者只专注于自己的发言内容，无心关注其他	
9	参会者满是抱怨	
10	当观点不一致时，参会者更多地站在所带领的部门角度考虑	
11	讨论问题时，几乎没有头脑风暴和共创环节	
12	决策的措施，总是根据过往经验做判断	
13	会议结束时，参会者都不清楚知道自己的行动计划，以及与他人的配合事项	
14	下次会议前，从不回顾上次会议决策的行动计划的完成进度并检视效果	

前　　言

　　人类产生之初就有自发约定的聚会议事方式，这是一种普遍的社会现象，离开了这种聚会议事的方式，任何集体行动和社会行动都将无从实施。

　　在现代商业中，会议是每家企业经营活动中必不可少的活动。一家企业不论空间有多大，大小会议室的数量有多少，都会觉得会议室不够用，甚至常常需要约在茶水间、楼下的咖啡厅等地开会。似乎每件事情、每个想法只要开上几个会就能完美地解决。事实上，当会议变得越来越多、越来越密集时，解决问题的方法却越来越难达成共识与最终敲定。这时，许多人开始怀念公司刚刚创业的时候，有什么事在办公室喊一嗓子就能得到帮助，而不是像现在，人多了，遇到什么问题都要开会，更难的是即使开了会，大概率也得不到理想的结果。除了组织规模变大导致的文化稀释与经营更为复杂的原因，更重要的是，我们并没有在每一次讨论问题的解决方案时，真正地实现有效沟通与决策。没有员工会希望自己所任职的组织发展得越来越不好，但为什么大家在会议中的表现却总是差强人意呢？

　　面对越来越复杂的环境与越来越庞大的组织，我们希望通过在会议中沟通、讨论、达成共识来解决问题。但会议产生的价值真的如我们所愿吗？你知道会议也是有巨大的隐性成本的吗？你知道平均一个会议要花多少钱吗？也许你从来没有这个概念，也许有但没有认真计算过。现在我们来看这样一个高管团队会议成本的计算公式。我们也可以以此为依据来算算经常开的会到底花了多少钱，而会议产出的价值究竟是大于成本还是小于成本呢？

> 高管团队会议成本＝平均时薪×人数×时间×高管薪酬系数＋
> 社保福利＋行政成本＋机会成本＋其他成本

这里的行政成本包括会议室空间按使用时间折算的费用，机会成本是指企业为从事某项经营活动而放弃另一项经营活动的机会所付出的成本。

我在课堂上见过很多企业家算了一遍后无比讶异——随便一个小会议要付出上万元甚至十万元的成本。当我问会议效果如何时，大多数人都会笑着摇头。

我们从来没有想过看似普通的会议，成本如此高昂，也没有意识到会议产出价值从经济学的角度来说竟然如此重要，这不仅仅是因为付出了金钱成本，更是因为在会议上做的任何决策都与企业的经营息息相关，一不小心就会失去宝贵的商业机会，在商业的浪潮中面临更多未知的风险。

计算完以后，你们是不是对平时让人反感的会议又有了新的认知，那么，动不动就拉会交流的习惯究竟是好还是不好？究竟如何提升会议效率，让会议产出更高、议题更精准？这是现在无数企业的痛点，但许多企业家和管理者还处在较多关注业务、较少关注组织的阶段，只觉得自己的决策团队就是不听话或者老是听不懂。这是因为我们在传达决策的会议中，并没有达成阶段性的真共识。有这种困扰的读者在本书中也许能得到一些启发，或者找到一些解题思路。

我想和大家分享让会议变得更有价值的 4 个关键和 1 个能力：**提升会**

议产出价值的关键 1——获取足够全面的信息，提升会议产出价值的关键 2——辨识现象背后的真问题，提升会议产出价值的关键 3——如何进行真共识的决策，提升会议产出价值的关键 4——行动计划落实与跟进；**会议决策的能力——精准表达**。通过这 4 个关键和 1 个能力，我们的会议成本与产出价值的天平会倾向产出价值这边，在会议上做出的决策的正确率会明显提升。其实，这 4 个关键和 1 个能力在高效会议中会自然而然地出现，但我们从来没有认真地总结分析过为什么这次的会议如此高效。如果能将这些方法对应的相关内容用于企业日常会议，我相信一定会对会议达成共识和做出决策大有益处！

此外，还有 3 个对企业来说非常关键的会议，分别是战略目标共识会、年度一级部门目标质询会和月度经营分析会。这 3 个会议掌握着企业的中长期目标、年度目标与经营管理节奏。如果能在这 3 个会上实践会议的 4 个关键和提升 1 个能力，并不断优化这 3 个会，团队成员的经营管理意识、战略思维能力一定会不断提升，企业的协同水平与组织能力也会不断提高。

目 录
CONTENTS

第一章　为什么会议中做出有效决策总是很难 / 001

第二章　获取足够全面的信息 / 005

　　一、打破表面和谐，营造平等氛围 / 007

　　二、提升团队熟悉度，了解你的同事 / 011

　　三、避免最高决策人过早发言 / 015

　　四、杜绝会上定功或定责 / 021

　　五、避免参会人员不倾听、不反馈 / 025

　　六、参会人员要合适 / 029

第三章　辨识现象背后的真问题 / 037

　　一、透过现象看问题本质 / 039

　　二、跨越个人知障，避免惯性思维 / 047

第四章　如何进行真共识的决策 / 055

　　一、多种会议工具，激发头脑风暴 / 059

　　二、高效的讨论方法，促进真共识 / 062

第五章　行动计划落实与跟进 / 073

　　一、关键行动要清晰，保证决策落地 / 075

　　二、追踪反馈，检验决策有效性 / 081

第六章　每个人都需要修炼的会议精准表达 / 087
　　一、使用共同语言，降低倾听难度 / 088
　　二、精准提问，推动对话深入 / 096

第七章　团队文化工作坊 / 103
　　一、团队熟悉度测评及提升方法 / 105
　　二、团队文化工作坊流程和关键点 / 110

第八章　战略目标共识会 / 119
　　一、战略务虚会 / 124
　　二、战略目标共识会的流程与原则 / 127

第九章　年度一级部门目标质询会 / 141

第十章　月度经营分析会 / 149

后记 / 160

CHAPTER 1
第一章

为什么会议中做出有效决策总是很难

在企业中，所有人都对开会又恨又爱。恨的时候，我们常常会抱怨"怎么这么多的会议""这些会议有什么用呢""浪费时间""我还有很多工作要处理""又是一个没有结果的会"等等。爱的是，当我们在工作中遇到一个与自己的工作职责相关的问题时，常常想召开一个会议或者进行一次对话，希望能够在这些交流场景中寻求一些帮助或者得到解决方案。至少让别人认同我们的解决方案，并提供一些具体工作上的帮助。然而，大多数会议却效果平平，甚至是非常糟糕，渐渐地，大家疲于应付，对会议越来越反感。

不可否认，一个高效的会议并不会让人们失望或是抱怨占用了自己工作的时间，只有那些糟糕的会议才会让人们崩溃。 为什么大多数会议效果平平甚至让人厌恶呢？最主要的原因是会议没有达到我们预设的目标。现实中大多数会议不但没有真正解决问题，反而创造了许多新的问题，还增加了一些无谓的工作量。**所以，会议最重要的目标就是基于大家的真正共识做出有效决策，而不是"前怕狼后怕虎"地在看似努力的商量中消磨彼此的时间，更不是坐在会议室中等待别人讲完然后赶紧逃离。**

作为一名企业管理咨询公司的从业人员，我起初参与各企业重要会议时只是默默旁观并适时提供观察反馈，我也想帮他们找到解决方案，但因为会议内容涉及不同行业的知识，我不敢随意发言，担心犯错误被人嘲笑。于是，我默默观察他们的座位顺序、发言状态、讨论逻辑、互动方式、决策方式等。后来，我参加了无数场不同行业、不同规模企业的各类会议后，发现会议低效最主要的原因是在会议上难以做出有效决策，或是做出没有达成共识的决策。一场没有决策的会议总是让人觉得浪费时间，一个没有达成共识的决策总是难以被执行，于是下次仍然讨论同样的问题，直到最终不了了之，无人再提。

当然，即便第三方咨询人员对会议水平提出异议，也有相当一部分企业家和高管仍对企业的开会水平持较高的认可度，他们甚至意识不到会议并未做出达成有效共识的决策，而是觉得他们拍了板这个会就算有结论了，事情就结束了，或者认为在这个会议上只要听到一些与会人员的想法就可以了，至于接下来怎么做，自己只需要稍加思考就可以了。这是一个非常严重的管理问题。

曾经有一位企业家在与公众分享管理经验时提出："一个专业的CEO首先应该是一位首席共识官，要和核心高管团队就我们是谁、我们如何经营这家企业、我们如何构建这个组织、我们如何规划战略等问题达成共识，这样才能形成良性的正反馈。"这才是我心中真正敬佩的管理者。

通过观察，我发现大多数企业的会议经常出现以下三种情境：

第一种，只要公司（或企业）一把手或者会议中的最高决策人发言，整场会议便不再有第二个意见或者是想法，接下来的发言只是围绕如何落实来展开，甚至是表忠心；或者是当大家在讨论的时候，最高决策人因为没有听到自己想听的答案，便直接打断他人的发言，其他人噤若寒蝉，不再发言，拿出笔记本开始记录最高决策人的发言内容。

第二种，各聊各的会议，最常见于经营分析会。常常是你说你的，他说他的，别人汇报时，要么一声不吭地修改自己的演示稿，要么在做其他的工作，并且发言过程中大家常常是对各自过去的业绩与工作内容进行大篇幅陈述，而没有任何的分析和讨论，更别提建议、措施或是决策了。

第三种，一部分参会人员热情参与并主导会议互动，无意识地进行一番只有少数人参与的所谓的深入探讨，然后得出"我们回到工作中再试试看"的结论草草结束，其他参会人员的思绪则早就飞到了会议室之外，或者已经在会场上处理其他工作了。

这三种情境的问题依次是：没有讨论直接决策、没有讨论没有决策、有讨论没有决策。根据我对多场会议的观察、整理与分析，我认为造成这三种会议情境的原因如下：

①彼此不熟悉，或者心里没有安全感，不敢发言，维持表面和谐；

②会议最高决策人习惯过早发言，长期抑制团队思考和探讨的能力；

③会议目标不是以解决问题为导向，而是定功、定责等；

④会议中没有认真倾听和反馈，会议信息不通畅、不全面；

⑤参会人员过多，或者关键参会人员不在，因为缺乏相关性，会议氛围常常容易遇冷；

⑥就问题表象谈决策措施，甚至常常沉陷在细节里做过多探讨；

⑦遇到问题容易出现惯性思维，凭借过往经验进行决策；

⑧会议总是难以决策，最终由某个人拍脑袋决策；

⑨会议决策在会中说了就算完毕，没有固定的总结确认环节；

⑩会议决策没有固定的跟进人，也没有反馈回顾环节。

当然，本书提到的所有会议最高决策人，并不一定指在会议中职权最高的人，也常常指为本次会议结果负责的人。比如某个临时项目小组探讨某个专题，最高决策人则是为这个专题负责的人；如果是经营分析会，最高决策人一般是企业的 CEO。**在这里要补充的是，我列出的十个原因，只是会议现场常常发生的现象，并不是我们在会议中需要面对和解决的问题，我会根据这些现象提出如何在会议中规避这些问题，以及相应的优化措施。**

在接下来的第二章至第五章，我会和大家探讨如何避免出现这些问题，从而提升会议决策的有效性，让大家跳出会议的常规性准备工作，掌握会议高效的真精神。其中，第二章主要探讨现象①～⑤；第三章主要探讨现象⑥和⑦；第四章主要探讨现象⑧；第五章主要探讨现象⑨和⑩。

CHAPTER 2
第二章

获取足够
全面的信息

本书的前言中，我们介绍了让会议产出变得更有价值的 4 个关键和 1 个能力，以及企业最关键的 3 个会是什么。其中，让会议产出变得更有价值的第一个关键就是我们要在会议上获取足够全面的信息，来保证我们对事实有全面、清晰的认知。这一章我们便来探讨第一章中提到的现象①~⑤（见图 2-1）：

①彼此不熟悉，或者心里没有安全感，不敢发言，维持表面和谐；

②会议最高决策人习惯过早发言，长期抑制团队思考和探讨的能力；

③会议目标不是以解决问题为导向，而是定功、定责等；

④会议中没有认真倾听和反馈，会议信息不通畅、不全面；

⑤参会人员过多，或者关键参会人员不在，因为缺乏相关性，会议氛围常常容易遇冷。

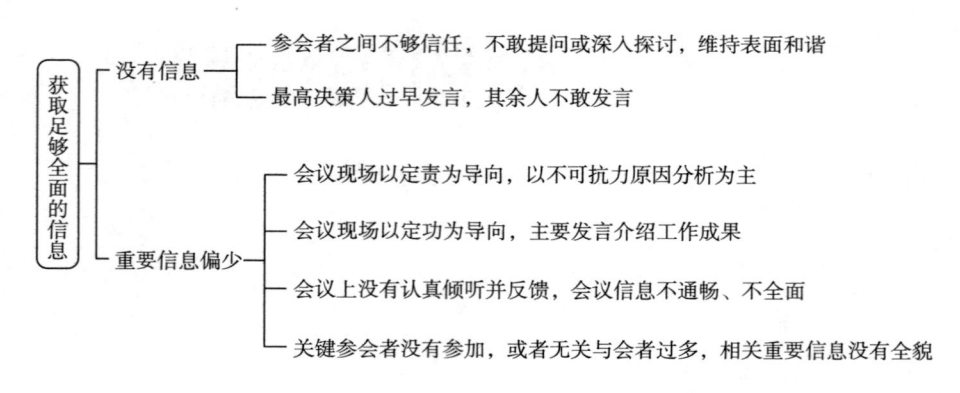

```
获取                     ┌─ 参会者之间不够信任，不敢提问或深入探讨，维持表面和谐
足      ┌─ 没有信息 ──┤
够                       └─ 最高决策人过早发言，其余人不敢发言
全
面      │               ┌─ 会议现场以定责为导向，以不可抗力原因分析为主
的      │               │
信      │               ├─ 会议现场以定功为导向，主要发言介绍工作成果
息      └─ 重要信息偏少 ┤
                        ├─ 会议上没有认真倾听并反馈，会议信息不通畅、不全面
                        │
                        └─ 关键参会者没有参加，或者无关与会者过多，相关重要信息没有全貌
```

图 2-1　未获取足够全面的信息的现象

这里我们主要谈如何优化会议中出现的现象①~⑤。

在探讨现象①之前，我们先来看一个常见的现象，并思考这是不是好事。德国学者诺埃勒·诺伊曼提出"沉默的螺旋"理论。人们在表达想法和观点的时候，如果看到自己赞同的观点受到欢迎，就会积极参与进来；而发觉某一观点无人理会或者遭到很多反对的时候，即使自己赞同这个观点，也会选择沉默。这样就会形成一方的声音越来越大，另一方越来越沉默的螺旋发展过程。在团队会议中，这种"沉默的螺旋"现象比比皆是。

在我过去深度陪伴企业时，观察企业的会议现象，发现团队成员之间越是不够了解、不够开放，或者说相互之间越不清楚别人的"小隐私"，会议越容易坠入"沉默的螺旋"，通常是竭力维持表面的和谐。

一、打破表面和谐，营造平等氛围

在面对现象①时我们究竟可以做些什么呢？这里我提出两个优化方向。第一个是我们在会议过程中可以做的优化方向，大家也可以"照镜子"——团队会议中有没有这种情况存在，是否需要优化。

对于要打破的表面和谐，首先在会议上就要营造一种平等的会议氛围。只有参会者放下心中的顾虑，放下会议室外在各自部门的角色与身份，时刻提醒自己，在会议室内的这些人，此刻就是一个团队，我们要一起完成某件事情，达成某个目标。例如，一把手和各一级部门负责人在一起就是一个团队，只有这个团队在会议室的时候团结一心、充分探讨，那么回到企业，这个组织才会上下齐心，拧成一股绳，执行的决策才有可能是大家真正需要的，否则就会各干各的，甚至各怀心思，组织承受的风险太大。然而，道理虽简单，但我们常常见到的是在会议中大家的角色更像是各部门的代表，参会的目的是让麻烦事别落到自己部门。这样的情况就像地震裂痕，从会议的起点就产生了分裂，回到组织里，裂痕只会越来越大，事情的难度只会越来越高，组织里对于这件事的不协作程度只会越来越深，直至完成时结果已经与初衷大相径庭。

对于营造会议的"平等氛围"，**我们可以考虑采用圆桌会议，而不是**

面对面的长桌会议。这是因为圆桌没有明显的主座，这时候**让大家随意散座，而不是按职务就座，并且要求大家不能每次坐固定座位，由此在物理层面消除那些因为经验、年龄、职务带来的影响，让会议更容易破冰**。这个方法看起来简单，但实行起来非常难，职务低的参会成员总是会按惯性选择距离主座远的角落就座，一旦落座在会议中就不再主动发言，只是做些记录甚至开小差，并且期待会议赶紧结束。根据多次会议观察发现，那些真正散落座次的会议总是在一开始就比较容易破冰，也可以借此提高不同部门人员的互动程度和熟悉度。当会议现场开始从各个角落发出此起彼落的声音、想法时，团队讨论更容易被激发，团队成员更能充分地进行表达与互动。圆桌会议如图 2-2 所示。

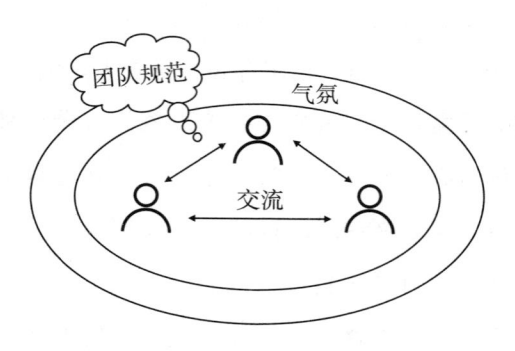

图 2-2　圆桌会议

这里讲一个小案例：据说东京之所以能够繁荣，是因为存在一个包围东京的圆，圆内的各个区域不存在上下级关系，在不同的个性领域中均衡发展，这就促进了多个区域的繁荣。（来源于［日］堀公俊，加藤彰，加留部贵行，《用会议激发团队效能：打磨团队》）

对于要打破的表面和谐，除了最简单的圆桌会议形式，参会人员在会议上也要有所改变。我们要给彼此增加心理安全感。

一个会议往往由不同主题的拥有者提出问题和看法，其他人进行讨论或者提出不同建议，在你来我往的交流中才会有可能达成共识。而会议交流的前提是，我们承认存在作为主题拥有者的团队成员提出的工作问题，也接纳并鼓励不同参会成员的不同"声音"。

所以，相对于主题拥有者而言的其他参会者，要秉持为团队成员提供帮助的心态参与讨论，要认真参与讨论并分析，主动提供可行的解决方案，而不是忙于自己的讲话内容和其他工作，甚至立马跳出来撇清关系或避免被追责和受波及。后一种行为往往会让这些在会议上抛出真实难题的人处于尴尬地位，从此便不在会议上提出组织面临的真正问题。我们应该鼓励前一种行为，因为困难实际上是组织的困难，主题拥有者是在想办法帮组织解决困难，只有这样，我们在日常工作中面临的真实问题才能在会议中被提出来，我们的组织才能一轮一轮地不断解决问题，从而强化组织能力。如果没有难题被提出，那我们永远都只会被蒙蔽在那些表面和谐的会议里，对组织的不满便会悄悄地在每个人的心中生根发芽，然后落在组织决策和行为表现上，造成组织内耗，最终发展为灾难。

另外，所有参会人员要用开放的态度去探讨此刻这个会议团队其他成员的观点，要在心理上接受反对意见并引导他们说出自己的立场和背后的逻辑推理过程。会议的充分交流其实是靠那些不同意见和想法的提出与展开。不可否认的是，在会议上对别人的意见提出不同看法是需要勇气的，哪怕是领导者。只有在提出不同看法能得到鼓励与肯定的情况下，其他参会者才会放下内心的负担，勇于提出不同的建议，我们才有可能获得更多视角的事实与观点、更多深入探讨的宝贵机会。

面对持有不同想法的参会者，我们也要学会克服自己心中的不适感。这种不适感是指当我们和其他参会者有不同的想法时，我们要有勇气站出来提出异议。这是一种健康的不适感，在会议上有勇气克服这种健康的不适感，这是对参会者的要求，和我们传统的"以和为贵"观念可以说是相悖的，虽然很难，却有利于取得好的会议效果。

因为参会人员在压下他们之间的不适感的情况下，会把不适感转移到会议室外面的组织里。实际上，他们让自己的下属在工作中解决这些他们本该在会议室里解决的问题的行为，最后会变成组织内的巨大灾难。如图2-3所示。

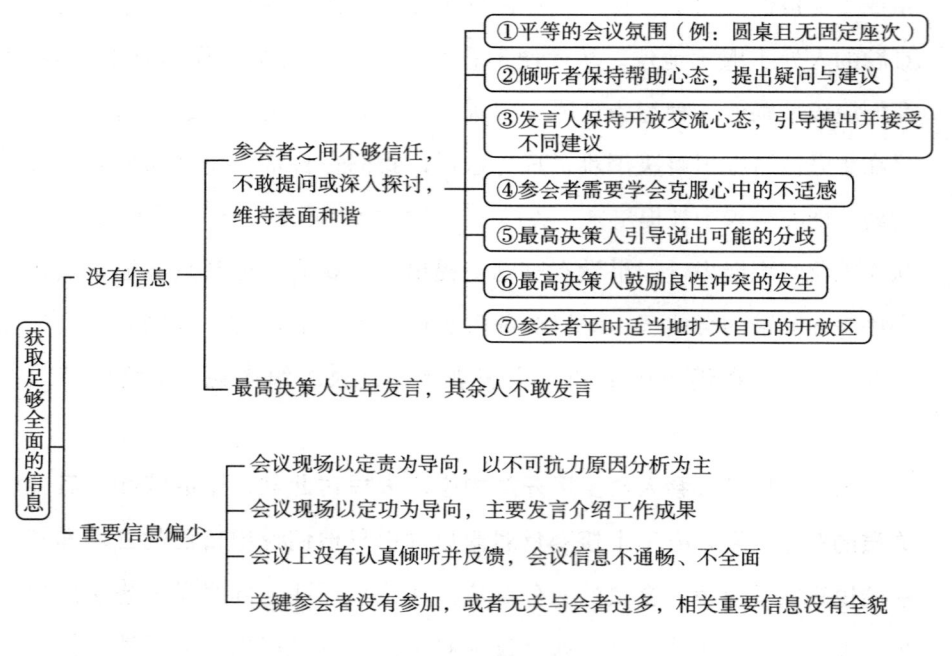

```
获取足够全面的信息
├─ 没有信息
│   ├─ 参会者之间不够信任，不敢提问或深入探讨，维持表面和谐
│   │   ├─ ①平等的会议氛围（例：圆桌且无固定座次）
│   │   ├─ ②倾听者保持帮助心态，提出疑问与建议
│   │   ├─ ③发言人保持开放交流心态，引导提出并接受不同建议
│   │   ├─ ④参会者需要学会克服心中的不适感
│   │   ├─ ⑤最高决策人引导说出可能的分歧
│   │   ├─ ⑥最高决策人鼓励良性冲突的发生
│   │   └─ ⑦参会者平时适当地扩大自己的开放区
│   └─ 最高决策人过早发言，其余人不敢发言
└─ 重要信息偏少
    ├─ 会议现场以定责为导向，以不可抗力原因分析为主
    ├─ 会议现场以定功为导向，主要发言介绍工作成果
    ├─ 会议上没有认真倾听并反馈，会议信息不通畅、不全面
    └─ 关键参会者没有参加，或者无关与会者过多，相关重要信息没有全貌
```

图2-3 克服健康的不适感

当然，我们除了要有勇气克服这种不适感外，也要注意表达的方式，尽量做到清晰有力量，但不涉及事情以外的评价，我们的所有疑惑、建议一定要基于共同目标，谈的是对事情的理解，而不是对某个人的评判，否则整个会议室可能会从"沉默的螺旋"这个极端走向另一个极端。

参会人员中的最高决策人也要发挥自己的作用，打破会议的表面和谐。这里有两个建议：

第一，最高决策人要在会议中主动发掘冲突。当怀疑大家对某个问题有潜在冲突或者顾虑时，可以请大家把内心真实的想法说出来，及时寻找还没有暴露的或者还没有浮出水面的潜在冲突或者细微分歧，这样才能避免会议结束后破坏性的"走廊抱怨"。特别是看到有些关键人员欲言又止，有些人出现疑虑或者不认可的表情时，一定要关注，并且及时发掘背后的冲突。否则会议上不解决，冲突就会在会议外的组织内爆发。

第二，最高决策人要在参会者之间开始尝试参与冲突时及时告诉他们这样是对的。这样参会者会获得克服不适感所需要的许可，就会在内心松口气，从而集中精力解决眼前的问题。

二、提升团队熟悉度，了解你的同事

现象①的第二个优化方向：日常中我们需要不断提升团队之间的熟悉度，让彼此之间在工作中有更多的理解与信任，这不论是对我们的会议还是对组织都有着巨大的作用。

任何人之间的认知都是由一个个信息组成的。同事的名字、部门、职务、过往工作经历经常是我们了解他的窗口，这些信息都是工作上的必需信息，而对于其他信息则知之甚少。

至于我们的好友，彼此之间都知道对方的很多生活信息，他的家庭成员、他的成长经历、他的学校和专业、他的兴趣爱好、他的人生低谷时期、他的人生高光时刻等等。我们一起吃过很多顿饭，也许还一起经历过很多事情。于是，就有了我们所说的"对方一个眼神，我就知道他要说什么"的默契。也许因为我们更加立体地了解这个人，所以可以很快地知道他要表达什么,也知道他这么做背后的意图、逻辑,甚至是产生这样想法的原因。对于这样的朋友,当他遇到某个问题手足无措时,我们的第一想法一定是该如何安慰他,能帮他做些什么。

正是因为我们对工作中每日并肩作战的人不够了解,所以彼此之间的默契度才不够。我们在会议中总是不知道对方为什么会有这个想法,他的意图是什么,他的推理逻辑是什么,他过往看见过、经历过什么,于是很难进行高效、精准的交流。于是,当别人提出一个我们工作习惯以外的要求或者其他视角时,我们总是难以接受,觉得对方莫名其妙。正是因为我们对工作中每日并肩作战的人不够了解,所以在进行工作协同时更多的只是向对方疯狂输出我们想要的方向与结果,想要说服对方做出一些行为,却并不关心对方的想法和想法背后的原因。也许我们应该更多地了解彼此的一些"小隐私",当然这并不是指我们要和同事成为无话不谈的密友,但至少要让我们在每次开始讨论时不会无意识地向对方展开攻击或做出防守的姿态。

这里的"小隐私"指的是什么呢?20 世纪 50 年代,乔瑟夫和哈里提出了乔哈里视窗,管理学中通常称之为沟通视窗。它把人际沟通的信息按照自己知道与否与他人知道与否分成四个区域,即开放区、盲区、私人区、未知区。如图 2-4 所示。

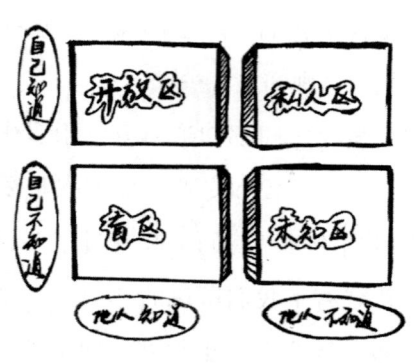

图 2-4 乔哈里视窗

开放区是指自己和他人都知道的区域，私人区是指自己知道他人不知道的区域，未知区是自己和他人都不知道的区域，盲区则是自己不知道他人知道的区域。

在平时与同事的沟通中，我们可以适当地扩大自己的开放区，减少自己的盲区、私人区和未知区，将自己的更多信息传递给别人，也多去了解别人的信息。比如我们可以了解同事的籍贯、毕业院校与专业、兴趣爱好、家庭成员，增加平时可交流的话题。如果对方愿意，我们可以了解对方在过去的工作中的职责范围，以便我们将来在相关专题方向进行讨论的时候听取更多的专业性建议。再者，我们可以做一些简单的团队工作，在沟通中了解彼此的成长故事、人生特殊时刻。这样我们在交流中也就更能了解彼此在职场中的性格差异，以及行为方式差异背后的原因。在会议中怀有同理心的同时，知道如何表达让对方更能接受，从而更容易进行深入的讨论与交流，更容易达成共识与解决问题。

现象①的优化方向如图 2-5 所示。

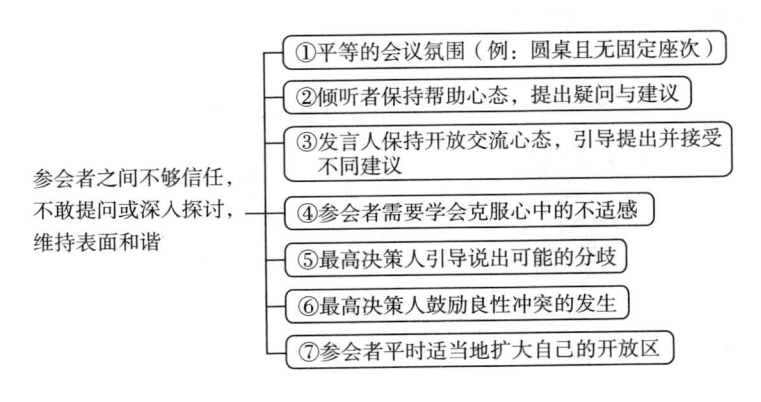

参会者之间不够信任，不敢提问或深入探讨，维持表面和谐
- ①平等的会议氛围（例：圆桌且无固定座次）
- ②倾听者保持帮助心态，提出疑问与建议
- ③发言人保持开放交流心态，引导提出并接受不同建议
- ④参会者需要学会克服心中的不适感
- ⑤最高决策人引导说出可能的分歧
- ⑥最高决策人鼓励良性冲突的发生
- ⑦参会者平时适当地扩大自己的开放区

图 2-5 现象①的优化方向

案例一：

一家大型饮料公司的副总裁认识到团队需要更多的冲突。遗憾

的是，他们很难让大家打破表面和谐，参与冲突，这是很常见的现象。于是，副总裁制定了两项正式的规则，其一就是如果大家在讨论中保持沉默，他就会把它理解为分歧——"沉默即反对"。大家很快意识到，如果他们不参与讨论甚至是争论，会议是无法做出决策的，于是都认真参与讨论，把自己没有说出口的话表达出来。（案例来源于［美］帕特里克·兰西奥尼，《优势：组织健康胜于一切》）

看过以上案例，现在我们来做一个自我测试：你的团队成员是否会在会议现场说出类似的话呢？

"我把事情搞砸了！"

"对不起，是我的责任！"

"你的主意/想法比我的好！"

"真希望我能做得跟你一样好！"

"我需要帮助！"

"你有什么建议或者相关经验分享吗？"（图2-6）

图 2-6 团队成员在会议现场说的话

如果是你，你会跟其他参会者这样表达吗？如果这对你来说很难，说明你的团队距离彼此真正信任还有很大的进步空间。

到此为止，关于现象①的两个优化方向就讲完了，一个是在会议中我们可以改变的行为方向，这会给我们带来立竿见影的效果；另一个则是在日常工作中我们可以持续优化改变的方向，这会给我们持续带来深远的影响，不仅仅是在会议中，甚至是在整个组织的协作文化中同样效果显著。针对团队内参会者之间不够信任，导致在会议上参会者之间很难进行深入的讨论的情况，我们需要有哪些改进呢？请尝试完成练习作业，最好请一个有规律性会议的团队一起参与练习会。

练习一： **关于提升参会者之间信任度的行为改变**

行为改变的具体事项如表 2-1 所示。

表 2-1　关于提升参会者之间信任度的行为改变

		本内容中我们存在的问题	目前阶段是否需要改变	具体改变行为描述	开始执行时间
获取足够全面的信息	没有信息之参会者之间不够信任				
参会者签名：					
日期：					

三、避免最高决策人过早发言

了解了现象①的解决方法，现在我们来看导致会议过程中没有信息出现的现象②：会议最高决策人习惯过早发言，长期抑制团队思考和探讨的能力。

在讲现象②之前，我们来"照照镜子"，看看自己企业开会时有没有类似的现象：老板在会上提出一项决策，其他人总是"高度认同"或者"全票通过"，没有任何人提出反对意见或是询问决策背后的原因与思考。显然，我们都知道这并不是一个好现象，但在无数的企业中每天都在上演这样一场场高度共识、快速决策的"高效"会议。其实没有人反对，并不意味着所有人都赞同，很可能沉默的反对者才是大多数，只是他们不愿意说真话而已。

案例二：

在月度例会上，领导做了一项决策，但他这个决策是基于错误的数据和不翔实的信息做出的，存在很大的风险。可是你看见其他人都赞同领导的观点，你怀疑自己的信息是否有误，也不敢说出反对意见，只能随声附和，于是这项决策获得了"全票通过"。

也许在我们看来这个案例所描述的事情很傻，甚至觉得有点不可置信。但实际上在很多会议中，通常我们还没有得到全面的信息，就被权威的发言带着往下进行分析、决策甚至是敲定行动计划。行动时很有可能发现大家也许根本不认同，或者执行中遇到各种困难，大家就不了了之了。最高决策人也很生气，难免产生这样的想法："这事我在会议上说了很多遍，你们怎么就是不做呢？""为什么团队的执行力那么差？""团队的能力太弱了，什么都得靠我！"实际上，因为大家从内心深处就不认同这个决策，毕竟谁会认真执行一个自己都不认同的决策呢？团队成员甚至会觉得自己没有在完不成的时候说上一句"那时候我就不看好这个决策"就不错了。

案例三：

我们曾服务过一家上市公司，签约了年度辅导，在年度辅导第一次落地实施之前，我们对该公司的核心高管进行了访谈。当问到他们的会议是否高效时，好几个人都回答高效，说他们是快速决策、快速执行。从他们的回答和精神面貌来看，我认为这个团队内部没有问题，大概率是战略选择问题时，与HR的访谈令我们大为震惊。她说企业的决策确实很快速，那是因为都是老板决策，如果问决策质量怎么样，很难说，有的好，有的不好，反正最后效果不好大家就怪老板决策不对。因为过往他们讨论的时候，老板一看方向偏了或者和自己想的不一样，很快就会打断，把大家批评一顿，久而久之，大家就不做决策了，都等着老板快点做决策然后执行。所以，很多时候大家的想法也都没有反馈出来，会议上也没什么信息交流。

那么，在会议中我们应该如何避免这种情况呢？我们在会议流程的设计上，应该有意识地先让大家表达完内容和想法，最后再请最高决策人发言提出自己的观点与建议。我们见过太多最高决策人发完言后，再无他"法"出现的场景，而最高决策人也沉浸其中，觉得自己的想法就是好，得到了一致认同，浑然不知自己已身处"险境"。我们在领教工坊时常常提醒CEO一定要憋住，要到最后再发言，尽量少发言，前期他们回到企业总是难以控制发言和纠正高管的欲望，但逐渐改变这个习惯后总是感慨"原来我以为很了解他们，现在发现一点都不了解他们"。而我们到企业进行陪跑辅导会议的时候，他们的高管也总是悄悄跟我说："老师，我发现老板不在一开始就发言的时候，我们都放松了好多！当然，这里并不是要批评CEO，而是想说有时候太心急，生怕高管或者企业走弯路，但忘了先去了解他人所掌握的信息和他的想法。反而让我们和老板之间越来越疏远。"

案例四：

某次 CEO 从会议室外面经过，就听到某个高管在和他的团队争论关于如何实现海外扩张这个目标的策略。他停留了几分钟后，听见里面一直在喋喋不休地争吵，甚至有愈演愈烈的趋势，感觉大事不妙。于是冲进去发表了一通看法，因为是 CEO 发言，大家迅速安静下来，面对他提出的想法也频频点头，还有人掏出小本子快速记录，瞬间没有了其他声音，CEO 觉得通过自己的一番努力让大家对实现这个重要目标的策略达成了共识，于是心满意足地走出了会议室。

由于是自己参与过的讨论，对于这个业务，CEO 总是更上心一些。但奇怪的是，过去了两个月，他问了高管好几次，都发现对方对这块业务支支吾吾，反而总是花更多时间和精力给他介绍别的业务，由此他发现海外业务并没有任何明显进展，反而在一些别的工作上持续发力挺明显。于是，CEO 找到高管，他先是指出高管的领导力不够，高管也是频频点头还自我补充论证，但是 CEO 仍不满意，越说越觉得这是个大问题。总而言之，就是这位高管急需进步！

这时候，高管终于忍不住问道："能说一些具体希望我进步的点吗？领导力这个词还是太宽泛了。"于是 CEO 回答："比如我觉得你向下传递就总是不及时和不全面。"高管觉得很困扰，似乎自己经常会把想法、理念、工作要求向下传递。于是又经历了两个小时的对话，终于提到了当初 CEO 帮高管摆平内部关于海外业务策略分歧的那件事。这时候高管说："可是你提出的那个方案恰恰是我们团队不要的方案，我也不要，他们也不要！"CEO瞬间懵了，感觉怀疑世界！因为他以为高管想要这个方案，团队不同意，于是自己出面帮他摆平，却没想到他和高管根本没有达成共识，因为在他看来高管肯定都是和自己想法一样……

再经过深入的交流，CEO才意识到因为潜意识里认为自己的信息量一定是大于高管的，信息量又决定着决策质量的高低，所以每次决策也不太会和高管真的商量，每次做决策基本都是通知型的。其实，很多高管并不理解，更谈不上认同，自己不认同的决策就不会花太多精力去做，而是选择把精兵强将等资源用在自己认为对的决策上，希望能做出点什么来给CEO看。而CEO常常觉得高管们总是不向下传递信息，领导力不够，执行力不够，但似乎别的事情又在持续发力，真是有点丈二和尚——摸不着头脑。

从案例四中我们可以看出，正是因为这次交流，CEO才逐渐养成真正倾听别人内心想法的习惯，真正了解往下几层的业务信息，避免自己因先入为主而提出一言堂意见或做出决策。

此外，会议主持人要培养控场的能力。这个能力包括现场有勇气、有技巧地引导大家发言，及时地请大家停止不相干话题，最重要的是为了使现场的决策更有效，要学会制止最高决策人的过早发言，甚至搞一言堂。当然，最高决策人也要在主持人的提醒后，立刻意识到自己由于惯性又开始过早地发言，这会给团队的思考能力带来限制，也会限制大家对相关信息的全面了解，从而影响决策的质量。

会议主持人不要邀请与会议团队职级相差太大的人参会，要对参会的人有一定的熟悉度，并学习一些引导技巧。如果一位CEO或者高管在滔滔不绝地发言，暗示或者请他先听别人的发言是需要勇气和智慧的。

如果主持人缺乏这样的勇气，就会不可避免地陷入低效会议的陷阱。如果这对于一个会议主持人来说真的比较难，那么可以考虑做一套会议引导牌，主持人可以举牌示意，这样就会方便、和谐得多。牌子的内容无外乎本书中提到的那些规则，可以根据企业的文化让牌子的内容更符合企业的语言习惯。主持人可以通过举牌礼貌地将会议拉回正常进程。如果这种会议行为真的特别难实现，那我们或许应该反思企业需要什么样的文化，现在的文化是不是这个企业真正需要的，也要思考我们召开不同会议的目的是什么，哪些会议需要倾听大家的心声。

现象②的优化方向如图 2-7 所示。

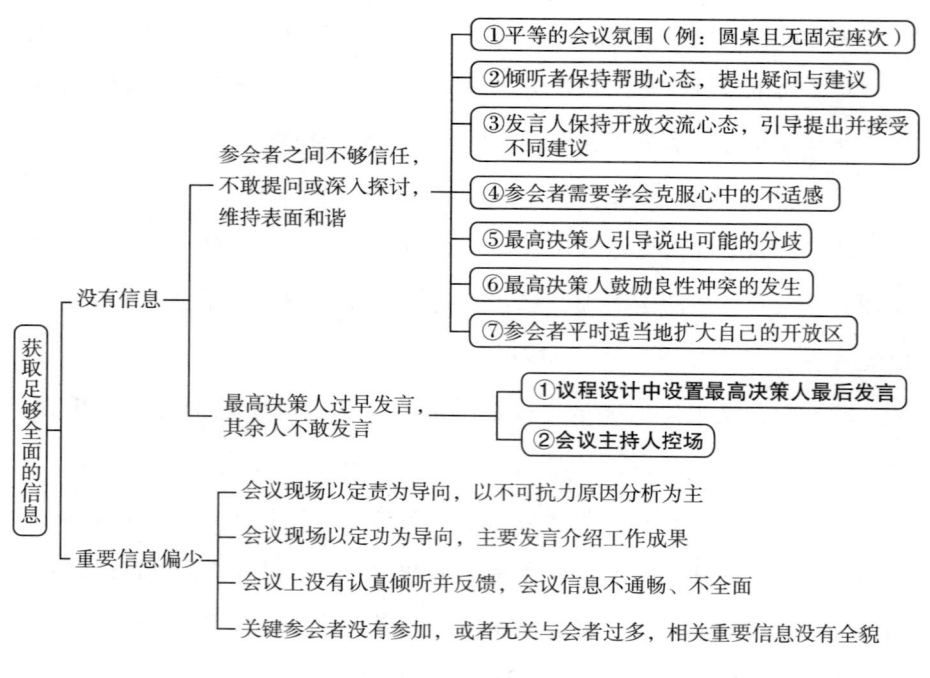

```
获取足够全面的信息
├─ 没有信息
│   ├─ 参会者之间不够信任，不敢提问或深入探讨，维持表面和谐
│   │   ├─ ①平等的会议氛围（例：圆桌且无固定座次）
│   │   ├─ ②倾听者保持帮助心态，提出疑问与建议
│   │   ├─ ③发言人保持开放交流心态，引导提出并接受不同建议
│   │   ├─ ④参会者需要学会克服心中的不适感
│   │   ├─ ⑤最高决策人引导说出可能的分歧
│   │   ├─ ⑥最高决策人鼓励良性冲突的发生
│   │   └─ ⑦参会者平时适当地扩大自己的开放区
│   └─ 最高决策人过早发言，其余人不敢发言
│       ├─ ①议程设计中设置最高决策人最后发言
│       └─ ②会议主持人控场
└─ 重要信息偏少
    ├─ 会议现场以定责为导向，以不可抗力原因分析为主
    ├─ 会议现场以定功为导向，主要发言介绍工作成果
    ├─ 会议上没有认真倾听并反馈，会议信息不通畅、不全面
    └─ 关键参会者没有参加，或者无关与会者过多，相关重要信息没有全貌
```

图 2-7　现象②的优化方向

练习二： 关于减少最高决策人过早发言的行为改变

行为改变的具体事项如表 2-2 所示。

表 2-2　关于减少最高决策人过早发言的行为改变

获取足够全面的信息	没有信息之最高决策人过早发言	本内容中我们存在的问题	目前阶段是否需要改变	具体改变行为描述	开始执行时间

参会者签名：

日期：

四、杜绝会上定功或定责

现象③为会议目标不是以解决问题为导向，而是定功、定责等。在我们的认知中，在会议上让别人看到自己的不足似乎是一件让人非常羞愧的事情，甚至会觉得因此让老板和同事怀疑自己的业务能力，还有可能影响自己在企业的晋升和发展。毫无疑问，当所有的参会人员建立这样一个固定认知的时候，我们在会议中得到的信息就一定会受限，甚至是片面的。

鉴于我们平时在同事面前"秀肌肉"的机会不多，而且每一个"秀"的场合都是风险与机会并存的。为了让别人更多地看到自己的"肌肉"，每个人在表达的时候总是会有意无意地花大量时间谈自己做了什么，甚至在讲述取得的效果时可能都是偏向于只选好听的讲，但常常没有提供数据支撑，至多是一句某个客户对我们很认可之类的话。

由于我们害怕在众人面前展示自己的不足，会更多地汇报好的成果和顺利的工作过程。哪怕真的遇到重大影响事件，我们也会更多地将问题归结于不可抗力原因、偶发性原因或者他人的原因，很难沉下心去真正深度思考在事件发生的过程中我们能做什么，改变其中的哪些关键因素可以让以后的工作有更好的产出。因此，当老板听到突发情况时，总会感觉莫名其妙："不对啊，我们内部一直反馈在产品质量上把关很好啊，怎么会发生这种大批量退货的问题呢？一定是哪个环节搞错了。"

会议的关键是针对目前的情况与难题，做出相应的高质量决策，在决策后的行动中不断改善企业的管理行为。会议中我们必须找到表象之下真正的问题，因此所有人心里都要建立一个非常重要的共识，会议最核心的目标是一起找到最有效的解决问题的办法并做出决策与采取行动。

针对建立以解决问题为导向的会议机制，而非以定功或定责为导向，本书提出以下三个优化方向。

第一，最高决策人要在会议正式开始前反复强调这是以解决组织问题为导向的会议。 强调参会人员的目标是一致的，即在会议上描述在工作中遇到的各种问题并进行解决，从而推动组织的进步。这个优化方向理解起来容易，但真正在会议中要大家按此导向照做确实非常困难。因此，我们要不断宣贯、诠释，会议召开前可以在会议通知中将"会议导向"这一部分内容标示出来，说明会议主要目标是展示真实的数据与全面的信息，共同商讨问题的解决对策。在会议正式开始之前还是要由会议最高决策人再次强调，让大家知道我们是真的很重视问题的解决，不是随便在会议通知上写写而已，对我们来说会议中呈现出来的每一个高质量问题就像一个礼物包装，拆开这些礼物包装找到礼物——解决问题的方案才是我们想要的。即便如此，我们还是常常会被"定功与定责"的惯性思维所影响，在会议讨论的过程中一定要压下这一想法。

面对真正高质量的问题，最高决策人可以在会议现场花点时间公开表扬问题的提出者，鼓励大家同样大胆地提出问题和建议。而对于会议现场第一次提出的问题背后个人的缺失，尤其是管理者的缺失，最高决策人一定是私下和他谈话比较好，不要当众负反馈甚至是惩罚一出，否则前面所有为组织以解决问题为导向的会议而付出的努力都会付诸东流。"好的管理就是更多地激发人心中的善。"在会场上分个你红我黑，结果人人自危，管理者不敢提出问题，怕引火烧身，下面的伙伴更不敢提出建议，久而久之组织呈现出的就是假和谐，永远没有真相浮出水面，最终导致企业做得不好，而这不是任何人的初衷。

第二，我们在会议现场对于好问题要积极交流，主动给予帮助。我们要鼓励大家在现场提出问题，当对方提出的问题是自己盲区的时候，这对我们来说是惊喜，我们应该感到高兴，我们在它没有演变为组织的灾难之前发现了它，并一起解决它。当然，这里的"问题"是有界定的，不是所有问题都值得在会议现场提出来，它一定得是和会议主题相关甚至是和会议现场大多数人息息相关的。甚至当有人提出了他遇到的问题时，我们应该及时反馈"这个问题太好了"，并说出对这个问题重要性的真实看法，或者真诚地发问"我们能帮你做些什么"。只有在问题的提出者感受到被鼓舞、被肯定的情况下，这种以解决问题为导向的会议氛围才会真正形成，大家才会消除犹豫、放下戒备，一起剖析问题的内核，从而真正地解决问题。

第三，对于高质量的问题，会议的最高决策人可以进行及时的鼓励，并在会后总结。不可否认，不论现场其他人是否认可这个难题的重要性，只要最高决策人在现场不认可，就很难围绕这个难题真正地展开讨论。我们总是要先察言观色一番，确认"安全"才开始下一步的讨论。因此，在会议现场的最高决策人可以及时予以鼓励，保证后续讨论的展开。甚至在会议总结的时候，可以再次提到今天的会议过程中我们提出了什么问题，这个问题从哪些方面看是非常有价值的，可以帮助我们在哪些方面进行深度思考和取得进步。如若我们真的秉持这样的心态，一段时间以后一定会发现会议氛围越来越好。在一次次的会议中我们通过发现问题、分析问题、决策措施、行动落地，不断提升参会人员的问题分析能力，也一步步地夯实了组织的管理基础。

现象③的优化方向如图2-8所示。

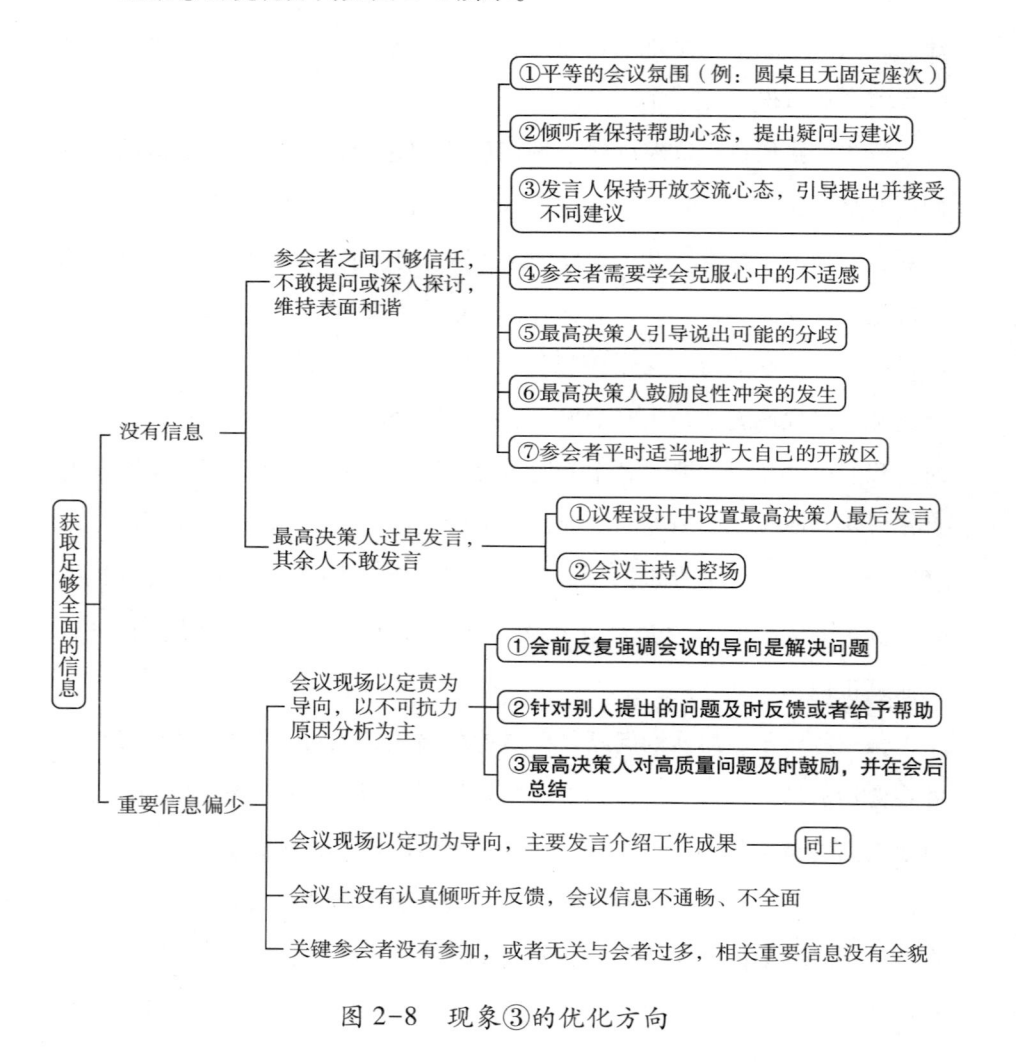

```
获取足够全面的信息
├─ 没有信息
│   ├─ 参会者之间不够信任，不敢提问或深入探讨，维持表面和谐
│   │   ├─ ①平等的会议氛围（例：圆桌且无固定座次）
│   │   ├─ ②倾听者保持帮助心态，提出疑问与建议
│   │   ├─ ③发言人保持开放交流心态，引导提出并接受不同建议
│   │   ├─ ④参会者需要学会克服心中的不适感
│   │   ├─ ⑤最高决策人引导说出可能的分歧
│   │   ├─ ⑥最高决策人鼓励良性冲突的发生
│   │   └─ ⑦参会者平时适当地扩大自己的开放区
│   └─ 最高决策人过早发言，其余人不敢发言
│       ├─ ①议程设计中设置最高决策人最后发言
│       └─ ②会议主持人控场
└─ 重要信息偏少
    ├─ 会议现场以定责为导向，以不可抗力原因分析为主
    │   ├─ ①会前反复强调会议的导向是解决问题
    │   ├─ ②针对别人提出的问题及时反馈或者给予帮助
    │   └─ ③最高决策人对高质量问题及时鼓励，并在会后总结
    ├─ 会议现场以定功为导向，主要发言介绍工作成果 —— 同上
    ├─ 会议上没有认真倾听并反馈，会议信息不通畅、不全面
    └─ 关键参会者没有参加，或者无关与会者过多，相关重要信息没有全貌
```

图2-8　现象③的优化方向

练习三： 关于引导会议现场以解决问题为导向的行为改变

行为改变的具体事项如表 2-3 所示。

表 2-3　关于引导会议现场以解决问题为导向的行为改变

		本内容中我们存在的问题	目前阶段是否需要改变	具体改变行为描述	开始执行时间
获取足够全面的信息	重要信息偏少之会议现场以定责或定功为导向				

参会者签名：

日期：

五、避免参会人员不倾听、不反馈

接下来我们来看现象④：会议中没有认真倾听和反馈，会议信息不通畅、不全面。不知道大家有没有这样的感受，在别人表达或者汇报的时候，我们总是不自觉地分心和走神。有可能是无意识地拿起桌边的手机，解锁，点开微信阅读消息，或者刷朋友圈，点赞、评论一下；或者会议过程中不自觉地打开笔记本电脑，阅读刚收到的邮件或者对工作消息做一个及时回复；还有可能电话铃声总是响起来，这时候为了不打扰他人，选择出去接电话。解决完这些事情后，相关的议题可能早已过去，我们甚至不知道这个议题最后的决策，更别提相关的讨论过程及决策背后的思考及原因，以及我们需要做什么。于是当主持人问大家还有没有要补充或者提问的时候，我们都不敢贸然接话。

这的确是一个正常现象，绝大多数人会对与自己无关的发言没有兴趣，有时候表面上听着别人的发言，心里不是想着一会儿自己的发言内容，就是盘算会议结束后可以去干别的事情了。

以上提到的都是会影响我们认真倾听、参与会议的真实情况，但这恰恰是我们常常会忽略的问题。要知道，在会议中我们就是为了解决某些问题而组成的一个团队，因此这个团队讨论的问题和每一个人息息相关，除了认真倾听，更重要的是及时反馈。有时候，我们认为这件事情和自己没有关系，就容易精神游离，但往往可能因此错失了向其他参会人员补充更多相关事实和细节的机会，或者是出现在没有听到更多事实的情况下就轻易决策或者共识决策的可怕现象。

我们都知道盲人摸象的故事，有的人摸到的是大象的耳朵，就认为大象是一把扇子一样的东西；有的人摸到的是大象的尾巴，描述的时候就会更加偏向绳子一样的东西；有的人摸到的是大象的牙，就认为大象是两根棍子一样的东西。一件事情往往涉及众多因素，从不同角度描述问题，站在不同的立场上描述问题，呈现在大家面前的问题就会不一样。为了避免盲人摸象般在信息不足的条件下就过快决策的情况发生，在会议中认真倾听就显得尤为重要。

案例五：

会议上有人提出，我们发现了 4 只老鼠，你觉得这是问题吗？好的会议应该有人询问："在哪里发现的？""过去发现过吗？""以前有多少？""老鼠对我们的影响有哪些？""处理这些老鼠要花多少钱？""消灭老鼠的方案是什么？"在这种互动过程中不断询问、反馈、补充，最终发现我们的问题应该是，在公司仓库发现了 4 只老鼠，以前是没有的，近期才出现，但不确定看到的 4 只老鼠是不是全部，我们的货品可能存在损坏的风险，我们快速解决这一问题的方案可能是什么，需要什么资源。（案例来源于领教商学堂创始人孙振耀的 TMT 特训营课程）

案例中的情况较为理想，而现实情况很有可能是我们没等到信息补足与讨论，听到某个人的一番有 4 只老鼠的发言后，就开始商议行动方案并决策了。

总结刚刚所讲的情况，对于认真倾听与反馈有三个优化方向：第一，**在会议前可以要求大家将手机调成静音，或者将手机统一放在某个无法伸手触及的位置**。我个人觉得收手机的效果是最好的，既可以避免不由自主地拿起手机，也可以避免主持人当面提出"放下手机"这个令人尴尬又不太及时的要求。可以设置一个"养机场"，每次会议前，进会议室的时候，大家就自觉地将手机放入其中。这个优化措施现已被很多企业在内部会议中采用。第二，**不允许带私人笔记本电脑参加会议，如果有需要演示的材料，在会前发给主持人就好**。这样可以避免参会者被其他工作信息分散注意力。第三，**要认识到每一位参会者对问题的补充和反馈都很重要**。只有从不同角度补全问题的真相，确保大家了解到的信息足够全面，才有可能做出更高效且更高质量的决策。

现象④的优化方向如图 2-9 所示。

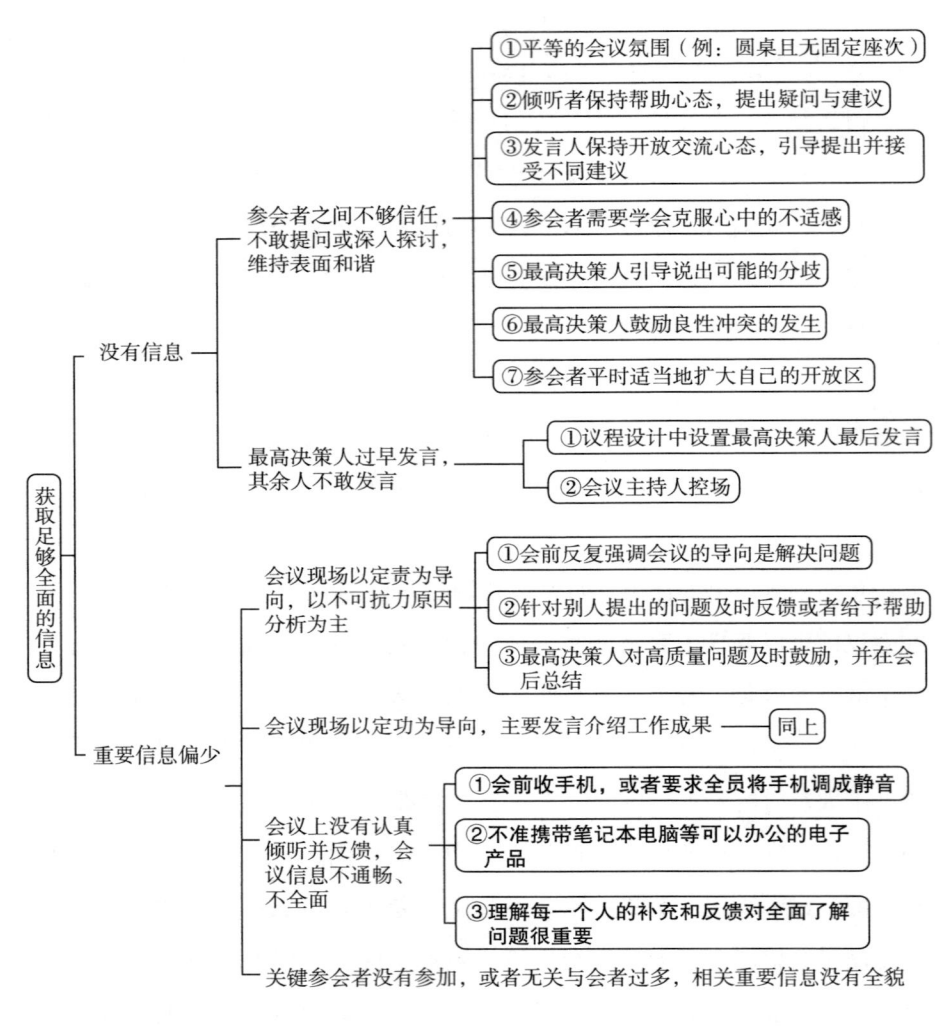

```
获取足够全面的信息
├── 没有信息
│   ├── 参会者之间不够信任，不敢提问或深入探讨，维持表面和谐
│   │   ├── ①平等的会议氛围（例：圆桌且无固定座次）
│   │   ├── ②倾听者保持帮助心态，提出疑问与建议
│   │   ├── ③发言人保持开放交流心态，引导提出并接受不同建议
│   │   ├── ④参会者需要学会克服心中的不适感
│   │   ├── ⑤最高决策人引导说出可能的分歧
│   │   ├── ⑥最高决策人鼓励良性冲突的发生
│   │   └── ⑦参会者平时适当地扩大自己的开放区
│   └── 最高决策人过早发言，其余人不敢发言
│       ├── ①议程设计中设置最高决策人最后发言
│       └── ②会议主持人控场
└── 重要信息偏少
    ├── 会议现场以定责为导向，以不可抗力原因分析为主
    │   ├── ①会前反复强调会议的导向是解决问题
    │   ├── ②针对别人提出的问题及时反馈或者给予帮助
    │   └── ③最高决策人对高质量问题及时鼓励，并在会后总结
    ├── 会议现场以定功为导向，主要发言介绍工作成果 —— 同上
    ├── 会议上没有认真倾听并反馈，会议信息不通畅、不全面
    │   ├── ①会前收手机，或者要求全员将手机调成静音
    │   ├── ②不准携带笔记本电脑等可以办公的电子产品
    │   └── ③理解每一个人的补充和反馈对全面了解问题很重要
    └── 关键参会者没有参加，或者无关与会者过多，相关重要信息没有全貌
```

图 2-9　现象④的优化方向

练习四： 关于实现现场认真倾听与反馈的行为改变

行为改变的具体事项如表 2-4 所示。

表 2-4　关于实现现场认真倾听与反馈的行为改变

		本内容中 我们存在的问题	目前阶段 是否需要改变	具体改变 行为描述	开始执行 时间
获取足够 全面的信息	重要信息偏 少之会议现 场没有认真 倾听与反馈				

参会者签名：

日期：

六、参会人员要合适

下面我们来看现象⑤：参会人员过多，或者关键参会人员不在，因为缺乏相关性，会议氛围常常容易遇冷。我曾经在辅导企业的时候见过这样一种场面：一个月度经营分析会的会议地点设在董事长办公室，打开门后乌泱泱地坐了一屋子人，有的人甚至连桌角都够不着，只能抱着材料把电脑放在腿上做些记录，夏天的办公室里弥漫着燥热的氛围。奇怪的是，这么重要且高频的会议，参会者之间理应非常熟悉，但有的人之间甚至都相互叫不出名字。在开会的时候，说到某个主题，最高决策人就点名回答，比如销售部负责人你来说说，然后销售部负责人说完全场就寂静了，容纳这么多人的会议室，却静得连根针掉在地上都能听见。大家都很默契地等待下一个被点名者发言，甚至都低下头，害怕因与董事长对视而被点名，像极了小时候上课怕被老师点名回答问题。有时候董事长点名后，被点名者的下属或者同事会站起来解释，说某某人因为什么事未能参会，他们来代表参会，大家对此也早已习惯，没有任何奇怪的目光投射和表情变化。

会议进行到半程的时候，因为屋子小，人太多，会议室非常燥热，会议氛围却是冰冷的，只能依稀听到董事长的点名和某个人的回答，彼此之间很难产生讨论，偶尔有别的声音也是几个联合创始人提问进行确认之类的，更别说基于不同角度产生的事实补充了。

在会议结束后，我们的辅导老师和董事长交流，问到为什么会邀请这么多人员参会，他说："因为有时候如果问到特别小的细节，那些部门负责人未必清楚，于是他们会带一两个总监或者高级经理参会，这样回去也好将会议的决策落实下去。另外，业务那边的人比较忙，常常在外出差，就会找相关协同的人帮忙参会，会后同步信息。为了保证讨论到某个主题时，有相关的信息输入，一来二去每次参加会议的人就显得特别多，但都是为了保证决策传达到位。"

这种情况在企业特别常见，但往往是参会的人员太多，反而起不到想要的作用。我们以为人多就能补充足够的信息并且相互传达更到位，但往往会议中的职级跨越过大，人员熟悉度不高，反而造成互动不起来的情况。人多的会议一般会变成传达会、通知会等，而会议成本过高，会议产出与成本完全不成正比。

毕竟，在 5 个人的会上发言和在 15 个人的会上发言需要的勇气和面临的复杂情况是完全不一样的。大多数被指派替代参会的人，可能仅和其中的一两句话相关，却要在会议室里浪费大半天，走也不是，不走也不是，于是只能靠开小差来打发时间。这样的会议产出与成本明显是不成正比的，但很多人确实没有意识到这点。

在这里我也有三个优化方向供大家参考。**第一，所有的规律性会议提前一个季度甚至是一年预定好。**请会议主持人提前一年在大家的日历上进行日程预约，避免和其他会议或者出差等安排冲突，避免关键人员不参会导致有些细节不清晰的情况出现。当然，这也要求组织有提前一年预留好规律性会议时间的组织能力，当我们把各种会议的时间都在日历上规划好时，下一年的工作安排也就大体有视觉化的呈现了。表 2-5 是我在领教商学堂工作时整理的年度会议规划。组织管理能力比较强的公司，像阿里巴巴、华为、美的等，都会提前一年安排好关键会议的时间，确定好下一年的管理节奏。

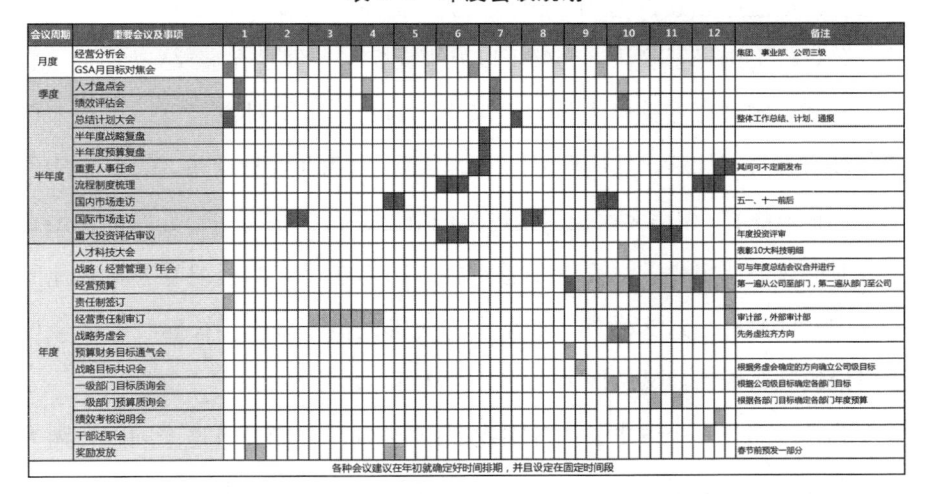

表 2-5　年度会议规划

第二，会前议程和每一个议题需要准备的材料在会前通知说明，每位参会人员提前做好准备。参会人员不能偷懒，靠用带两个相关同事以防被询问的方式来减轻自己的压力。要知道作为项目负责人或者部门负责人，全面深入地了解工作相关的事情，本就是他们的职责，会议现场也是洞察他们平时工作质量的好场景。作为参会人员，提前整理主题相关信息资料也是本应做的事情。而过多不相关人员的参与，不仅会对会议氛围产生重大影响，也会对人力资源造成巨大浪费。有非常复杂的事情，一定要带相关人员参会时，可以在相关议程的时间段请他们参加，而不是全程陪伴参与，这样既保证了会议的高效，也保证了大家工作时间的高效使用。

这个动作听着简单也很容易理解，但要在每次会议中都做到，参会人员全部坚持做到，确实非常难，需要培养组织相关的会议意识，确保高效开会、高效工作。

第三，请假的制度要完善。很多时候，我们认为自己给相关人员发了议程，并通过办公软件通知了相关人员，甚至有可能对方也在钉钉、飞书等办公软件上选择了确认参会就可以万事无忧了。但是在会议开始前一刻，我们常常会发现有些关键人员迟迟未到，匆匆忙忙给对方打电话一直未接甚至被对方直接挂断，然后回复一条信息说："我在客户这边，会议不能参加了，抱歉啊！"相信大家也遇到过类似情况，其中相当一部分原因就是有些人对会议的严肃性、认真性不够重视。因为在过去的会议或者在其他的会议中，他们都是这么做的。如果有些关键人员不来参会，而我们在会议中讨论的问题恰巧他又掌握独家信息，这可不是件好事。

我曾经遇到一个董事长助理跟我说："老师，我们没有这个问题，因为每次会议前我都会反复打电话给这些人确认他们一定会来，有时候他们跟我说来不了，我还会帮他们协调相关的事情，确保他们能出席。"从工作内容的完成度来说，我不得不承认这是一位非常优秀的助理，但这样做的结果就是这位助理和会议组织人员太累了，一旦不是她来组织会议，换其他人组织，会议还是会遇到类似的情况，还有就是只有她组织的会议能保证关键人员准时出席，组织内的其他会议则靠运气。所以，我还是建议依靠组织的流程制度建设来解决这个问题，比如某电子商务公司的会议就要求所有人请假须提前一周说明情况，并且一定是向出席会议的最高决策人请假，同步抄送给主持人。我们把这个权限交给对会议产出最终负责的最高决策人，请他来定夺即可。如若确有重要的事情突发不方便协调时间，会议主持人和会议最高决策人也要提前和对方沟通，交流相关信息和个人建议与反馈，在会议上帮他做信息的补充说明，从而传递给其他参会人员。

现象⑤的优化方向如图 2-10 所示。

```
获取足够全面的信息
├─ 没有信息
│   ├─ 参会者之间不够信任，不敢提问或深入探讨，维持表面和谐
│   │   ├─ ①平等的会议氛围（例：圆桌且无固定座次）
│   │   ├─ ②倾听者保持帮助心态，提出疑问与建议
│   │   ├─ ③发言人保持开放交流心态，引导提出并接受不同建议
│   │   ├─ ④参会者需要学会克服心中的不适感
│   │   ├─ ⑤最高决策人引导说出可能的分歧
│   │   ├─ ⑥最高决策人鼓励良性冲突的发生
│   │   └─ ⑦参会者平时适当地扩大自己的开放区
│   └─ 最高决策人过早发言，其余人不敢发言
│       ├─ ①议程设计中设置最高决策人最后发言
│       └─ ②会议主持人控场
└─ 重要信息偏少
    ├─ 会议现场以定责为导向，以不可抗力原因分析为主
    │   ├─ ①会前反复强调会议的导向是解决问题
    │   ├─ ②针对别人提出的问题及时反馈或者给予帮助
    │   └─ ③最高决策人对高质量问题及时鼓励，并在会后总结
    ├─ 会议现场以定功为导向，主要发言介绍工作成果 — 同上
    ├─ 会议上没有认真倾听并反馈，会议信息不通畅、不全面
    │   ├─ ①会前收手机，或者要求全员将手机调成静音
    │   ├─ ②不准携带笔记本电脑等可以办公的电子产品
    │   └─ ③理解每一个人的补充和反馈对全面了解问题很重要
    └─ 关键参会者没有参加，或者无关与会者过多，相关重要信息没有全貌
        ├─ ①提前一年预定规律性会议议程
        ├─ ②提前发送议程和议题，并请相关人员准备好材料
        └─ ③完善请假制度
```

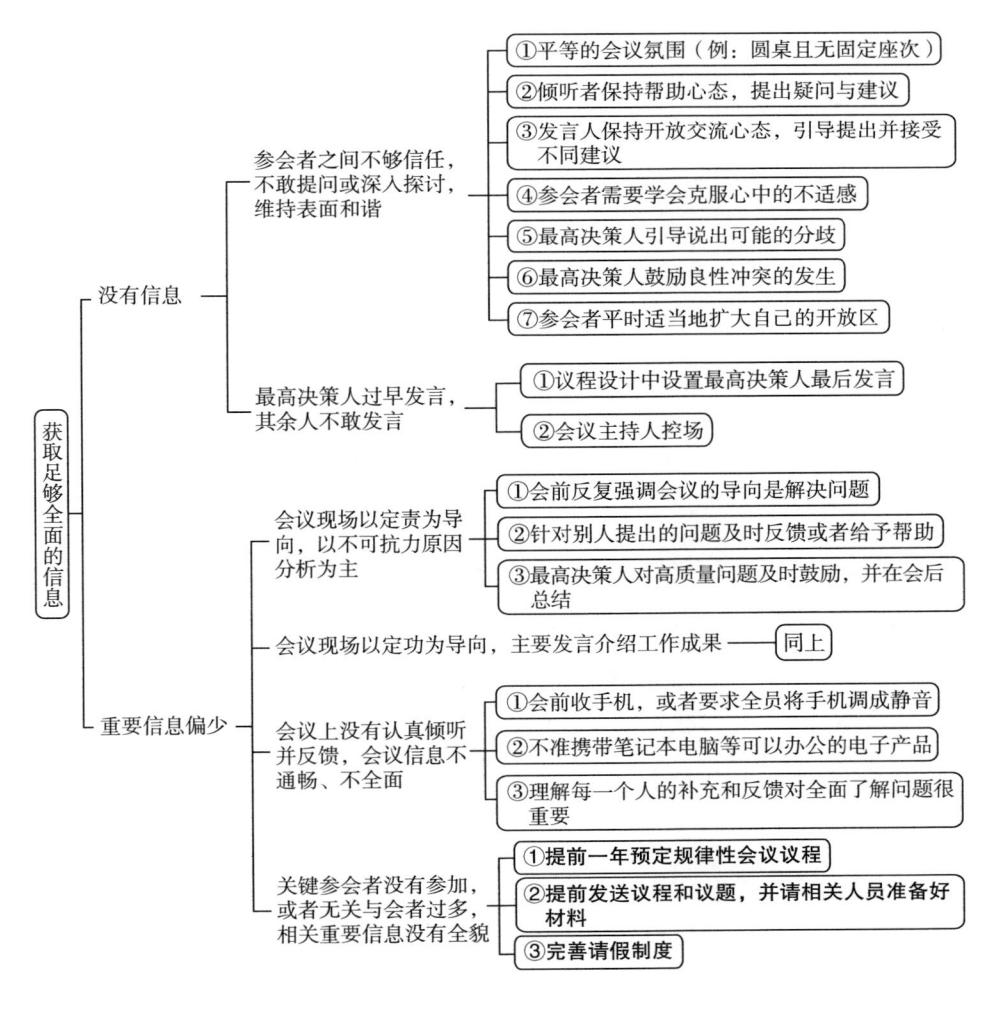

图 2-10　现象⑤的优化方向

练习五： 关于确保合适人员准时参会的行为改变

行为改变的具体事项如表 2-6 所示。

表 2-6　关于确保合适人员准时参会的行为改变

		本内容中我们存在的问题	目前阶段是否需要改变	具体改变行为描述	开始执行时间
获取足够全面的信息	重要信息偏少之关键参会者没有参加，或者无关参会者过多				

参会者签名：

日期：

至此，关于如何提升会议产出价值的关键 1——获取足够全面的信息就讲完了，你有什么样的感受和收获呢？在前面针对这个关键，我们一共提出了 18 条提高会议效果的实用措施（图 2-10）。根据自己所在团队的会议情况，对比我提出的 18 条措施，选出 1～3 条能立即采取的，你会选哪几条呢？不妨试着写一写，做个关于提升团队会议效果的个人行动计划吧！

练习六：关于提升会议产出价值的关键1——获取足够全面的信息的个人行为改变

行为改变的具体事项如表 2-7 所示。

表 2-7　关于提升会议产出价值的关键1——获取足够全面的信息的个人行为改变

序号	问题类别	优化方向	改变行为（同前 5 个练习）	排序
1	没有信息之参会者之间不够信任	①平等的会议氛围（例：圆桌且无固定座次）		
2		②倾听者保持帮助心态，提出疑问与建议		
3		③发言人保持开放交流心态，引导提出并接受不同建议		
4		④参会者需要学会克服心中的不适感		
5		⑤最高决策人引导说出可能的分歧		
6		⑥最高决策人鼓励良性冲突的发生		
7		⑦参会者平时适当地扩大自己的开放区		
8	没有信息之最高决策人过早发言	①议程设计中设置最高决策人最后发言		
9		②会议主持人控场		

续表

序号	问题类别	优化方向	改变行为（同前 5 个练习）	排序
10	重要信息偏少之会议现场以定责或定功为导向	①会前反复强调会议的导向是解决问题		
11		②针对别人提出的问题及时反馈或者给予帮助		
12		③最高决策人对高质量问题及时鼓励，并在会后总结		
13	重要信息偏少之会议现场没有认真倾听并反馈	①会前收手机，或者要求全员将手机调成静音		
14		②不准携带笔记本电脑等可以办公的电子产品		
15		③理解每一个人的补充和反馈对全面了解问题很重要		
16	重要信息偏少之关键参会者没有参加，或者无关参会者过多	①提前一年预定规律性会议议程		
17		②提前发送议程和议题，并请相关人员准备好材料		
18		③完善请假制度		

CHAPTER 3

第 三 章

辨识现象背后的真问题

在会议中除了要获得足够的全面信息来帮助我们了解问题的全部真相，避免盲人摸象的断言外，还要学会辨识现象背后的真问题。

回到我们在本书一开始提到的 10 个现象，前 5 个现象是会议决策的关键 1 要去优化解决的现象。这一章我们来讲会议决策的关键 2，要优化解决的主要是现象⑥和⑦：

⑥就问题表象谈决策措施，甚至常常沉陷在细节里做过多探讨；

⑦遇到问题容易出现惯性思维，凭借过往经验进行决策。

讲一个我曾在孙振耀老师课上听到的故事：有一块蛋糕，我们要将它分给 4 位小朋友。当我们关注事的时候，我们面对的问题是如何将这块蛋糕平均分给这 4 位小朋友；当我们关注人的时候，我们面对的问题是如何才能让 4 位小朋友都高兴。平均分的做法是蛋糕切开均分，每人一块；让小朋友都高兴的做法，却要看情况施行，也许有的小朋友不喜欢或者不能吃蛋糕，也许有的小朋友只想要蛋糕上的草莓，也许有的小朋友吃得多，有的小朋友吃得少，也许有的小朋友想带回家吃。一旦问题的定义发生了变化，解决方案就会大不一样。

我们在面对企业经营问题时，一定要弄清楚面对的真问题是什么，究竟是均分蛋糕人人一样，还是让每一位小朋友都高兴，要知道，这是两个截然不同的问题。

根据我的总结，我们辨识真问题的阻碍主要有以下四个：第一，理不清问题中的 What（是什么）、Why（为什么）、How（怎么办）；第二，找不到问题的根源；第三，无法突破个人经验障碍；第四，无法突破个人立场障碍。（图 3-1）当我们跨过这四个阻碍面对事情的时候，大概率就能找到背后的真问题。

```
辨识现象背后的真问题 ┬ 找不到真问题 —— 就问题表象谈决策措施；解决措施没有效果，错失良机
                    └ 看不到真问题 —— 用惯性思维决策，永远止步不前
```

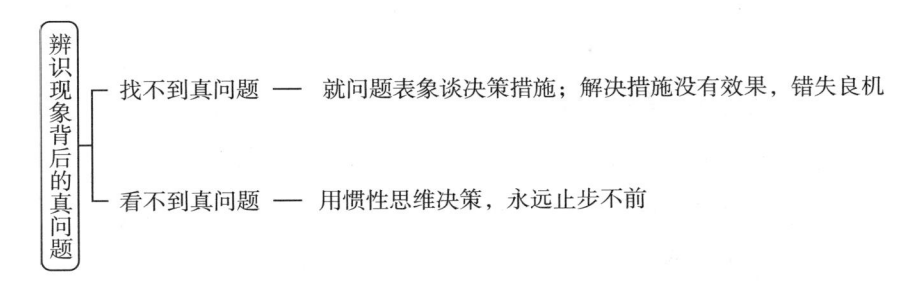

图 3-1　辨识真问题的阻碍

一、透过现象看问题本质

面对现象⑥，我们要清除以下两个阻碍。第一个阻碍——理不清问题中的 What、Why、How，这就是我们面临现象⑥时的优化方向。

描述事情有三个层次：What、Why、How。What 即是什么，很多人要么描述不清楚，要么事情的全貌还没看清就急于决策。对于如何看清事情的全貌的问题在第二章已经讲了，即获取足够多的信息。对于如何描述清楚的问题，后面会在第六章讲述。

这里主要讲如何透过它们之间的关系来辨识真问题。Why 即为什么，很多人常常找不到真问题，就现象找原因。How 即怎么办，人们常常跳过分析，凭感觉就开始给出决策做法，甚至有人把自己心中的 How 当成 What 来向别人提问，以此来推进自己决策背后的执行方案，却全然忘记考虑他的决策是否真的有效。

对于最后一句可能大家有些难以理解，我们来讲几个案例。

案例一：

一位企业家在活动上提出，自己企业的直营店总是没有合适的店长，招聘也总是达不到预期，现在很多直营店店长职位甚至都是空缺的，问如何才能招到合适的店长。于是大家纷纷给他分享各种招聘的经验与方法，甚至有人现场发给他一些自己合作过的猎头的微信名片。在此过程中企业家也是频频点头。在大家分享这些方法的时候，他虽然也觉得这些方案不错，但眉头始终没有完全舒展开来。这时候一位老师询问："为什么一定要通过招聘来找店长呢？"大家突然感觉到思路被打开了，在后面越来越清晰的交流中，大家逐渐发现他的真问题是内部没有很好的培养激励机制，导致内部员工对成为店长没有足够的向往。他们觉得当店长又苦又烦，根本不愿意被提拔为店长，因此店长这一关键岗位总是空缺。而企业家看到的情况就是没有合适的店长，内部招聘也总是找不到，达不成既定目标。所以，企业家就一心想着如何利用外部招聘来达成既定目标，被这个"How"所困扰。他提出的问题其实只是想找到自己心中那个"How"的解决方案而已。

在这个案例中招聘店长其实是企业家想出来的How，但是却被当成What，于是大家纷纷在这个问题上提出自己的解决措施。而通过对Why的询问，我们可以搞清楚三者之间的关系。

案例二：

A是一位新任的项目部经理，某天收到现场负责人的消息，说是本来应该配备30名开发人员的系统项目，现在只有20人，要求增加人手。A看了看项目计划书，发现现阶段确实需要30名开发人员。按现在的人员配置，项目进度肯定会大大拖延。因此，A想尽办法给现场增派了10名开发人员。2个月后，现场负责人再次提出了增派5人的要求。上一次经过公司内部调整，好不容易凑出10人给现场，如今又出了情况，A觉得非常疑惑。

A询问后得知，上次的10个人很快就适应了新工作，并且干得还不错，可是该项目的初始成员却相继离开了，所以再次出现人员空缺。通过进一步的调查，A发现该项目的人员流动非常频繁，项目启动时的第一批开发人员已经全都走了，后来的项目成员并不知道项目初始时的很多重要信息，A挨个听取了项目组成员的意见，最终找到了症结所在。原来，现场负责人喜欢打压下属，造成原项目组成员的不满，因而项目组成员很快就流失了。（案例来源于［日］米泽创一，《本质思考：从底层思维构建解决问题的支点》）

遇到这类问题，我们在会议上很容易陷入如何增加合适人手，甚至如何安排工作进度，保证按时完成的细节讨论之中，往往忘记理清楚What、Why、How三者之间的关系。在这个案例中，增加人手其实是现场负责人提出的解决办法How，而真问题是如何提升现场负责人的个人领导力。

看了这两个案例后，大家是不是对于What、Why、How三者之间的关系有更进一步的理解了？很多时候我们在会议上容易抓不住真问题，被所陈述的现象牵着鼻子走，甚至很快就陷入类似"如何更快地招聘到合格店长"的坑。下面我们来看一个案例，再做个小练习。

案例三：

一个企业家在活动上提出一个问题："我怎么才能给高管降薪？"

听到这个问题，大家先是震惊，然后就纷纷围绕这个问题提问，比如"降薪他有可能会离开，你希望他离开吗"，试图帮他找到答案。但大家讨论了一会儿，并没有找到企业家觉得切实可行的方法。

这时候，老师问："为什么要给高管降薪呢？"企业家解释："公司快上市了，有一次接受访谈，问公司的愿景是什么，价值观是什么，战略方向是什么，未来要做什么事情，结果五个高管有五个回答，这让我特别恼火。"

这五位高管都是他花了大价钱从外面请来的，但是业绩远远没有达到预期。加之对公司的愿景、价值观等重要问题的认识，居然都没有达成一致。所以，他觉得他们不值现在的价钱，必须给他们降薪。（案例来源于刘润，《底层逻辑：看清这个世界的底牌》）

但是给高管降薪，真的是解决这个问题的答案吗？如果大家按照这位企业家的思路，帮助他解决了如何给高管降薪这个问题，这些高管之间对于这些重要问题的认识就能达成一致了吗？他们对企业的业绩提升就能更有帮助吗？很明显不能。所以解答他的问题也许并不能给他真正的帮助，反而会给他的公司带来更大的麻烦。或许让这些高管对这些重要问题产生相应的共识会比降薪的解决方案要更好。

了解了前因后果后，大家才知道，原来"给高管降薪"并不是需要解决的真问题，而是这位企业家想出来的所谓能解决问题的答案，并且这个答案只是为了平息他心中的怒气而已，并不能真的解决这个问题。公司业绩不好，同时高管对企业使命、愿景等的认识与理解都没有达成一致，这才是真正的问题。同理，在企业的会议中我们也要学会辨别大家提出来的问题是 What、Why，还是 How。要理清它们之间的关系再做决策。

现在就请你来做练习，按表格要求进行分析，在过去会议中，我们所遇问题背后的 What、Why、How 之间的关系。如表 3-1 所示。

表 3-1　分析问题背后 What、Why、How 之间的关系

原以为的问题	分析 What、Why、How 之间的关系		
	陈述的表象	真问题	有效的做法
			1
			2
			3

刚刚我们讲了找到真问题要跨越的第一个阻碍——理不清问题中的 What、Why、How，现在来看看第二个阻碍——找不到问题的根源。我们先来看三个案例。

案例四：

萨姆闻到厨房有一股腐烂物的气味。通过观察，他发现气味来自水槽下面的一只桶，里面盛满了散发着臭味的水。一旦他倒掉桶里的水，臭味就会随之消散。但是，一会儿工夫，桶里就会再次盛满散发着臭味的水。现在，如果萨姆通过不断地倒水来解决问题的话，我们谁都不会夸他聪明。（案例来源于［美］麦克伦尼，《简单的逻辑学》）

这个问题的根本解决方法并不是把臭水倒掉那么简单，而是找到漏水的管道，并且将它修好，因为它才是不断积水且散发臭味的根源。但

在会议中我们常常因为找不到问题的根源而做出"不断倒掉臭水"这样不能解决真问题的简单决策。

案例五：

设想我正在努力学习，突然听到厨房里传来一些奇怪的声音，我起身去查看，发现留在桌上的半瓶牛奶现在摔到了地上，洒得满地都是。这是客观事物的结果，原因是什么呢？

在桌上，我看到了3只蚂蚁在爬动。

蚂蚁？

不，它们不可能带来如此重量级的结果。

我又看到我的金丝雀已经飞出了笼子，栖息在冰箱上。

金丝雀？

目前的结果看来像是金丝雀飞出笼子后，到处扑腾造成的。

然后，通过开着的窗户，我看到邻居家的猫蹲在后院里。

对了，就是它了。虽然我不能肯定就是这只猫打翻了牛奶，但至少它有能力这样做，而且它现在就在开着的窗子边上，毛发上还有白色的液体残留。（案例来源于［美］麦克伦尼，《简单的逻辑学》）

从案例五来看，也许解决问题的方法可以是关窗，也可以是要把喝过的牛奶瓶盖及时拧紧。

会议中，我们在分析问题产生原因的过程中不能简单地被"不断倒掉臭水"这样简单的表面原因对应的解决方案所引诱，从而错过分析出问题真正根源的机会。在会议中，我们往往看到第一个可能和问题相关的因素，就会被惰性驱使，认为这就是我们碰到问题的原因，接着就开始讨论所谓的可行对策了，往往现象还会再三出现，直到我们彻底麻木、放任不管。一旦有人提及，我们就说："这个问题好多年了，一直解决不了，没办法，就这样吧！"直到某天，这个小问题逐渐积累成为大问题，我们才追悔莫及，再来寻找解决办法。

案例六：

20世纪80年代，美国政府发现华盛顿的杰斐逊纪念馆受酸雨影响，损坏严重，要花巨额成本进行维护，于是为了避免将来持续不断地出现这样的情况，美国政府请了咨询公司来调查。下面是专家顾问公司与大楼管理人员的一段对话：

问："为什么杰斐逊纪念馆受酸雨影响比别的建筑物严重？"

答："因为清洁工经常使用清洗剂进行全面清洗。"

问："为什么要经常清洗？"

答："因为有许多鸟在此拉屎。"

问："为什么会有许多鸟在此拉屎？"

答："因为这里非常适宜虫子繁殖，这些虫子是鸟的美餐。"

问："为什么这里非常适宜虫子繁殖？"

答："因为里面的人常年把窗帘关上，阳光照射不到内部，阳台和窗台上的尘埃形成了适宜虫子繁殖的环境。"

"拉开窗帘"，杰斐逊纪念馆经常要进行全面清洗的问题就这么轻易解决了。

案例六里的真问题并不是如何选用效果更好的清洗剂清洗，而是如何减少虫子聚集。5Why分析法是指对一个问题连续追问5个为什么，以追究其根本原因。在运用5Why分析法的时候有两条原则。原则一：寻找问题发生的原因而不是发现问题的原因。为什么会有虫子在这里聚集，是因为阳台上的尘埃形成了适宜虫子繁殖的环境，这是问题发生的原因，但在会议讨论过程中我们总是容易跳到我们是如何发现这个问题的过程中。原则二：真问题对策要是我们内部可控的对策。比如鸟的聚集、虫子的繁殖都无法控制，但"拉上窗帘"这样的决策是我们能够做的内部可控对策。

在会议中我们非常容易就可以找到发现问题的原因，比如某某人出差了，这个问题一直没有时间探讨，所以搁置。而不是找探讨关键问题的会议常常无法召开这一现象的原因。是流程机制出了问题还是其他什么原因，往往这些才是我们需要去找的真问题，找到真问题并解决比解决表面问题要有效得多！

请完成寻找真问题解决对策的练习。如表 3-2 所示。

表 3-2 寻找真问题的解决对策

原以为的问题	寻找真问题的解决对策		
	分析过程	真问题	内部可控的有效做法
			1
			2
			3

现在我们根据前面三个案例总结找真问题的方法：①理清 What、Why、How 之间的关系，善用 Why，尤其是不要轻易把别人提出的 How 当成 What；②不要轻易被看起来相关联的因素牵着鼻子找对策，要深度挖掘最核心的关键因素，从而寻找真问题，当然也不是无限地挖掘，找到的真问题对策一定要是内部可控的对策，这个过程中可以尝试使用 5Why 分析法来找根源。如图 3-2 所示。

```
辨识现象背后的真问题
├─ 找不到真问题 ── 就问题表象谈决策措施；解决措施没有效果，错失良机 ─┬─ ①理清What、Why、How之间的关系
│                                                    └─ ②使用5Why分析法深度挖掘内部可控对策
└─ 看不到真问题 ── 用惯性思维决策，永远止步不前
```

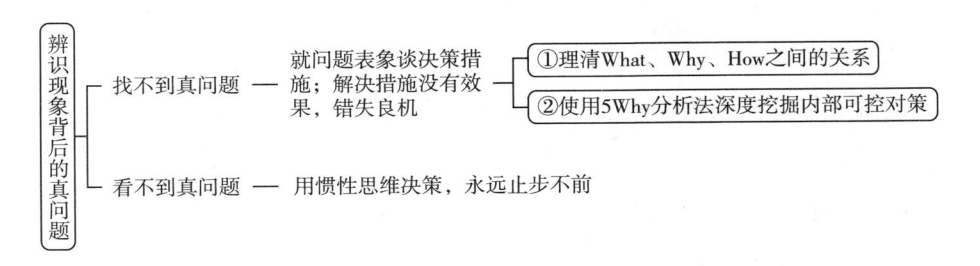

图 3-2　找到真问题的方法

练习七：关于纠正就问题表象谈决策措施的行为改变

行为改变的具体事项如表 3-3 所示。

表 3-3　关于纠正就问题表象谈决策措施的行为改变

		本内容中我们存在的问题	目前阶段是否需要改变	具体改变行为描述	开始执行时间
辨识现象背后的真问题	找不到真问题之就问题表象谈决策措施				
参会者签名：					
日期：					

二、跨越个人知障，避免惯性思维

我们已经探讨了面对现象⑥的两个阻碍的优化方向，现在我们来看看面对现象⑦的两个阻碍：无法突破个人经验障碍和无法突破个人立场障碍。

我们常常说如果你的手里有一把锤子，那你看什么都像一颗钉子，想上去敲两下（图3-3）。我们做决策的时候需要经验，但如果只依赖经验，通常就会被经验所局限。有时候总是想用自己认为最快的、最习惯的方法来解决问题，殊不知问题的根源还在原地"嘲笑"我们。

我刚进入培训行业的时候也常常陷入经验依赖中。我刚接触精益管理的时候，每去一家企业的工厂就会去看他们现场有哪些浪费行为，

图3-3 锤子、钉子

还会主动提问引导他们重视我所说的问题；我刚接触团队文化的时候，总是能在这个团队中找到彼此不信任的事实；我刚接触战略管理的时候，总是发现他们对本企业的战略没有共识，目标没有定性定量。直到后来才发现每家企业都有这样或那样的问题，而我总是用自己手里的"锤子"去看待所有的现象，没有找到当下对他们来说最重要、最急切的那个问题的根源。

下面我们来看看这样两个案例。

案例七：

"二战"期间，盟军的轰炸机损失很大，少部分返回的飞机机翼上也布满弹孔。盟军决定在条件有限的情况下给飞机部分位置增加钢甲，提高防御力，保护飞行员的安全。可是加在哪里呢？凭经验来看，既然机翼上满是弹孔，那最需要加强的部分应该是机翼。于是司令决定，用钢甲加强机翼，保护飞行员的安全和减少飞机的折损。

看到这里，你是不是也认为这个决策很有道理？那我们继续往下看看这个完全凭经验做出的决策，究竟有什么样的问题。

这时，一位担任盟军顾问的统计学家说："司令，你看到机翼中弹还能飞回来，也许正是因为机翼很坚固。机头和机尾没有中弹，也许正是因为飞机的这些部分一旦中弹，飞机就再也飞不回来了。"司令听后大惊，赶紧派人去战地检查，果然机头与机尾中弹的飞机，永远无法飞回来。（案例来源于刘润，《底层逻辑：看清这个世界的底牌》）

案例七中，凭经验做出的决策反而成了我们思考的桎梏。世界上没有两片绝对相同的叶子，每个问题发生的场景都有它的前提条件。

案例八：

在定期的销售进度同频会上，大家发现华北地区的销售额今年远远落后于华南，也落后于往年的华北销售额。于是大家私下都对华北地区新的销售负责人议论纷纷，觉得是因为他没带好团队。

一开始老板还跟大家说要给新的销售负责人一些时间适应，两三次同频会上的数据展示以后老板也开始着急起来，当面语重心长地跟这个销售负责人说在新的岗位上要提升自己的领导力，自己也要多去跑跑大客户、关键客户。

销售负责人也觉得举步维艰，后来他找来前几年销售数据与现在的销售数据对比分析，发现其实华北地区的小微客户偏少，都是大中型甚至国企客户，但这类客户今年都在缩减此类预算，几乎都没有续约意向，也不再购买一些相关的增值服务和关联产品，并有持续发展下去的态势。于是后来经过多重分析，他调整了今年的客户结构策略，转向开发更多小客户联盟协会并为小客户提供更多合适的产品与服务，还进行相应的市场活动造势，此后销售业绩就逐步提升了。

案例八中，新领导上任后业务一旦出现问题，我们的第一反应就是认为这个新领导的领导能力不行，管理能力也不行。当然，没有及时发现问题确实是因为新领导的经验不足，但我们总是容易让经验掩盖真正有效的措施。好像听到或看到一个现象，就会觉得"这，我有经验，我知道是什么原因，我知道咋弄"。然而面对这些看似一样的表面现象，一旦深究其背后的前因后果，可能会发现事实与想象大相径庭。

所以，第一个优化方向是：在我们套用经验的时候需要先考虑事情发生的前提条件是否与过往事件一致，不能盲目用经验概括。 我们在企业中遇到的问题也是一样，有些是可以套用组织经验快速解决的，但在我们套用组织经验前，一定要仔细看看问题的前提条件是否一样，否则很有可能被个人经验知障迷惑，看不到真问题。

个人立场知障是我们不经意间被人性带入的一个方向，很多时候我们并不是故意为之，而是基因和习惯决定了我们，总是很容易从自己的立场出发，因为这是我们最熟悉的思考角度。如图 3-4 所示。

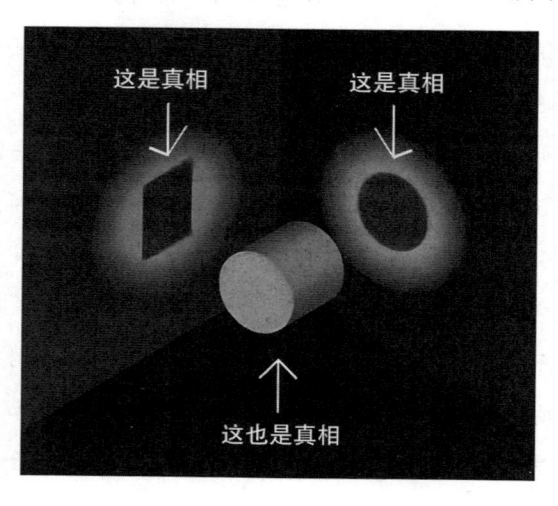

图 3-4　个人立场知障

案例九：

新产品卖不出去，各部门领导一起开会讨论到底是什么原因。产品部门说是销售渠道、营销等没做好，新产品根本就没有好好介绍给客户；销售部门说是广告不够响，很多人都不知道这个产品，不好硬推销；市场部门说是公司预算不够，且产品有瑕疵，精力和预算都用在解决投诉等公关问题上，应该是质量部门没把好关；质量部门说是生产部门没有严格按照作业指导书操作，才会有这个问题……

案例九中描述的现场在团队日常的会议中很常见，也许没有在现场连续被各部门滚皮球推脱来推脱去这么夸张，但无论在哪个公司一定多多少少都有类似的现象。一定是推脱的人不对吗？也不一定，或许从他的立场来看，别的部门的确有不完美的地方，而且这个不完美或多或少会和新产品的销量有一定相关性。

但在工作中，靠无限推脱并不能真正解决组织内的问题，我们要始终记得在会议中的我们是一个团队，我们不解决，这个问题就会在会议结束后扩散到组织内的更多人身上，对组织的伤害会像滚雪球般不断扩大。

这时候我们的第二个优化方向就出来了：我们需要从自己的立场中脱离出来，进行辩证分析。如果销售业绩不理想，就要验证，是所有销售都卖得不好，还是只一部分销售卖得不好，或是某个区域的销售卖得不好。如果接近一半的销售业绩还不错，说明这个产品并不是客户不感兴趣的产品，接下来就需要做别的可能性验证。

我们可以逐一去验证假设，得出结论，然后做出调整。一定要从事实出发，对事不对人，而不要被自己和他人的利益与立场思维所左右。

从人性的角度出发，我们有个习惯："我们总是将自己的错误归因于所处的环境，却将他人的错误归因于其自身"。

面对问题，人性总是懒惰地从惯性思维中找经验，以求迅速解决，这时候我们的两个优化方向是：考虑问题发生的前提条件，突破个人经验知障；辩证分析，突破个人立场知障。如图 3-5 所示。

```
                              ┌── ①理清What、Why、How之间的关系
         ┌─找不到真问题──就问题表象谈决策措施；
         │              解决措施没有效  └── ②使用5Why分析法深度挖掘内部可控对策
辨识现象  │              果，错失良机
背后的    │
真问题    │                              ┌── ①考虑问题发生的前提条件，突破个人经验障碍
         └─看不到真问题──用惯性思维决
                         策，永远止步  └── ②辩证分析，突破个人立场障碍
                         不前
```

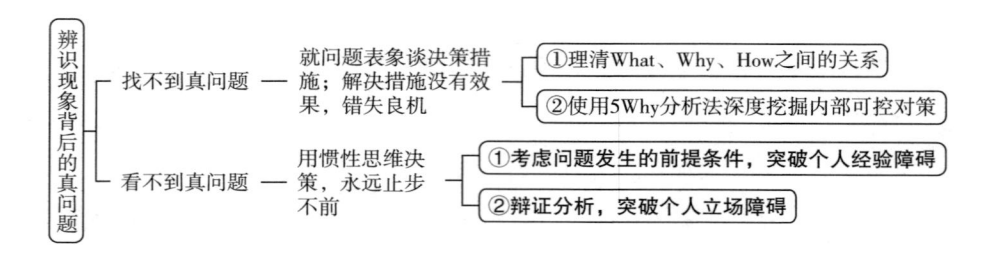

图 3-5　看到真问题的方法

练习八：关于纠正就惯性思维谈决策措施的行为改变

行为改变的具体事项如表 3-4 所示。

表 3-4　关于纠正就惯性思维谈决策措施的行为改变

		本内容中 我们存在的问题	目前阶段 是否需要改变	具体改变 行为描述	开始执行 时间
辨识现象 背后的 真问题	看不到真问题 之用惯性思维 决策				

参会者签名：

日期：

现在，我们已经将如何提升会议产出价值的关键 2——辨识现象背后的真问题讲完了，你在这部分有什么样的心得呢？这部分我们一共提出了 4 条可优化的方向对应的实用措施（图 3-5），如果让你在其中选出 1～3 条自己立即能采取的，你会选哪几条呢？

练习九： 关于提升会议产出价值的关键 2——辨识现象背后的真问题的个人行为改变

行为改变的具体事项如表 3-5 所示。

表 3-5　关于提升会议产出价值的关键 2——辨识现象背后的真问题的个人行为改变

序号	问题类别	优化方向	改变行为（同前 2 个练习）	排序
1	找不到真问题之就问题表象谈决策措施	①理清 What、Why、How 之间的关系		
2		②使用 5Why 分析法深度挖掘内部可控对策		
3	看不到真问题之用惯性思维决策	①考虑问题发生的前提条件，突破个人经验障碍		
4		②辩证分析，突破个人立场障碍		

CHAPTER 4

第四章

如何进行
真共识的决策

在前面两章我们已经讲述了如何在会议上获取足够充分的信息来全面了解事情的真相，也讲述了如何拨开现象中的层层迷雾去寻找真问题。这一章我们讲面对真问题如何做出真共识的高质量决策。

"决策"好理解，那什么是"真共识"呢？首先要明白什么是共识，共识从字面上理解就是大家共同的认识，在会议中，达成共识的决策就是参加会议的大家共同认可的决策，只有大家都认可，大家才会执行好，试想谁会真正倾尽全力去做一件自己并不认可的事情呢？既然已是共识，为何又谈到真共识？回忆一下你参加过的所有会议，有多少场会议的决策最终是你真正从内心认同，并且离开会议到工作中仍会坚决执行和给予执行团队帮助的。下面我们来看两则案例。

案例一：

在美国职业棒球大联盟赛场上广受好评的明星"摇头人偶"，作为球迷福利被分发给每一个到场球迷，很受欢迎。这是一个可爱的人偶娃娃，只要有轻微的震动就会摇头。美国在线服务的前首席执行官蒂姆·阿姆斯特朗将那些对某个提案都只会在同一时间点头的参会人员称作像摇头人偶一样的"无主见点头人偶"。无主见点头人偶的特征就是在会议室对各种各样的提案一并点头，但在会议结束后离开会议室的一瞬间，就会对刚刚已经同意了的内容表示："这真的能行吗？""我虽在开会时表示赞成，但还是担心它如何才能顺利推进。""我认为这就是瞎扯！"

临时回答"是"，转身却表示提案绝对不会顺利推进的人，如果推进失败，那么他们就会说："真是的，我就觉得很难。""果然不出我所料，失败了吧！"用一副什么都知道的面孔表达不满并批判那些提案。

案例二：

在新冠疫情刚刚暴发的时候，一家企业的决策人员坐立不安，当时的情况下他们根本无法拜访客户，也无法为客户提供任何线下服务。在面对这些不确定性时，不知如何是好。于是有人提议说不如为客户提供线上服务。因为没有更好的提议，于是他们收获了一桌的"无主见点头人偶"，很快就在线上会议中达成了没有异议的共识。

可在准备前期，因为企业之前没有做过相关的业务场景，也找不到合适、有经验的团队来执行，项目组成员又忙于在各大线上商城抢购自己用的防疫物资等，项目进展非常不理想。这时大家就对之前自己在会议上无主见点头的决策发出了质疑。

"之前我就觉得很难！"

"现在谁还有心思搞这个啊！客户也没心情看吧！"

"本来就没啥利润，还瞎折腾！"

这些人从会议室离开到自己的工作中后，又以尽可能消极的态度对待这一决策，也不会主动给团队宣传，主动推动项目的进展，甚至静观变化，等待出事的那天。

我们常常也会像前面案例里的人偶一样，在会议上对决策微笑和点头，但扪心自问我们真的都认同这些决策吗？我们在离开会议室的时候，在走廊里、在工位上回想这些决策的时候还会微笑和点头吗？

但在会议上我们常常将这些行为认为是赞同，这种消极的赞同并非真共识。我们将会议上的共识分为六个层次，分别是：反抗或离开、抵触的服从、漠然的顺从、愉快的合作、由衷的承诺、创造的振奋。如图4-1所示。

真共识一定是上面的三层，只有团队成员从内心认同会议上的决策，会后才会形成合力，致力于解决这些真问题。

```
┌─────────────────────────────┐
│         创造的振奋          │
├─────────────────────────────┤
│         由衷的承诺          │
├─────────────────────────────┤
│         愉快的合作          │
├─────────────────────────────┤
│         漠然的顺从          │
├─────────────────────────────┤
│         抵触的服从          │
├─────────────────────────────┤
│         反抗或离开          │
└─────────────────────────────┘
```

图 4-1　会议上的共识

当然，我们也要认清真共识并不是绝对的一致，事实上很难有一个会议的决策能取得所有人完全一致的认同。**共识并不是让全体参会成员都说"是"，而是全体参会成员考虑对公司来说最合适的解答或策略。全体成员的共识要在此基础上集中并产生。**一旦集体在此基础上做出了决策，那我们对外只有一个声音——所有人都维护并执行这一决策！

现在我们已经清楚了什么是真共识，那我们来看看如何做到。常见的**现象是会议总是难以决策，最终由某个人拍脑袋决策**（现象⑧），这里主要有两个问题：一个是我们找不到好的决策方案，导致难以达成共识；另一个是我们不知道如何让团队成员对决策方案达成共识。如图 4-2 所示。

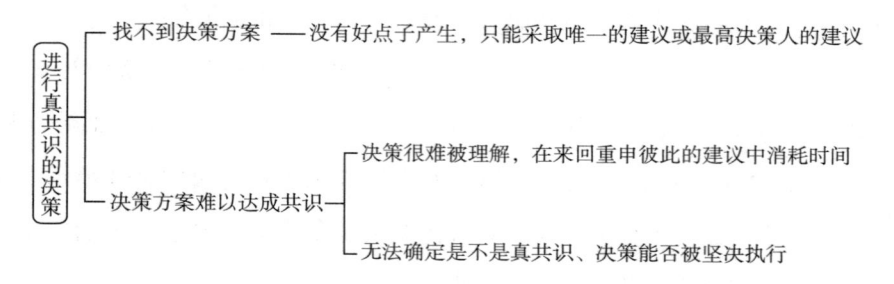

```
                ┌─ 找不到决策方案 ── 没有好点子产生，只能采取唯一的建议或最高决策人的建议
进行真           │
共识的    ──────┤
决策             │                    ┌─ 决策很难被理解，在来回重申彼此的建议中消耗时间
                └─ 决策方案难以达成共识┤
                                      └─ 无法确定是不是真共识、决策能否被坚决执行
```

图 4-2　无法进行真共识的决策的原因

一、多种会议工具，激发头脑风暴

我们先来看无法进行真共识的决策的一个原因，找不到好的决策方案。这种情况非常常见，可能是因为我们没有看清问题的真相，所以不知道优化方向在哪里，更别说做出决策了。其实这个问题在前面两章已经提出了优化方法：先是获取足够全面的信息保证事实的广度，然后是明晰现象背后的真问题，确保找到根源并能采取内部可控的措施来应对。

另一个原因就是我们常常会遇到"生产阻塞"，也就是了解了全面的事实，也知道了真问题，但是没有好的决策方案出现。其实这个问题也很好解决，只要会议的关键参会人员都在，并且认真聆听与热烈讨论，大多数情况下就会有与决策方案相关的好点子出现在会议室中某个或某些人的脑子里，只是我们需要一些把好点子呈现出来的方法而已。

常见的阻塞情况之一是有人在发言，其他人就无法说话，从而无法提出自己的想法，还要忙于完善自己的想法，等待机会说话，然后在等待中逐渐丧失了想要说话表达自己想法的冲动与欲望。

常见的阻塞情况之二是参会人员在心里对其他人提出的"决策"进行评估，这个评估也许并不仅仅是单独针对决策本身的，其中有决策创新性、可实现度，也有对提出决策的发言人的影响力评估、其他人的反应评估，往往最后觉得自己的想法过于普通，或者不合适，或者会议时间太长，大家急于结束，而最终选择了沉默。这时候大家往往倾向于第一个出现的可接受解决方案，或者是请最高决策人拍脑袋决策，而不是想出一系列的解决方案，然后选出最佳选项。

如果时间充裕，也许我们可以找一位经验丰富的引导师，不断地通过提问来引导大家，找到一系列可行决策，然后对大家提出的决策的有效性进行评定，最后共同决定。但在会议中往往时间有限，每个人会后还有一大堆日常工作要处理，而且找到一位和团队业务经验背景相似、了解团队的引导师也有一定难度。就算有相对应的引导师，企业最终还是要培养出自己的会议能力。特别有意思的是，我们在下面这个研究中找到了应对"生产阻塞"的方法。

研究中，模拟组和真实组都由 5 个人组成。模拟组的 5 个人被分隔在不同的房间内，每人都有 5 分钟的时间来针对一个问题发挥想象，产生想法。他们思考的结果随后会被汇总，任何重复的想法都会被剔除。真实组的 5 个人则聚在一起研究 5 分钟，目标同样是不论想法质量如何，要产生尽可能多的想法。

实验结果显示，模拟组产生了 68 个想法，而真实组产生的想法仅有 37 个。

由此我们有了第一个把好点子呈现出来的方式：梯子练习。梯子练习可以在广泛收集点子的同时，更高效地利用时间。

第一步，我们可以将参会者分成几个小组或者直接以个体为单位（视参会人员数量决定），尽量保证每个小组都有一个对会议主题比较清楚的参会者，然后请每个小组讨论后达成共识并做出决策，决策数量不限。第二步，将所有决策归拢，在所有参会人员面前进行分享，选出大家都比较认同的决策。这样通过一层一层的头脑风暴再一层一层归拢，既保证了决策的数量，也保证了质量，同时对时间也有一定的把握，不会占用大家太多的时间。（方法来源于［英］迈克尔·A. 韦斯特，《卓有成效的团队管理》）

第二个比较高效地产生好点子的方法：书面头脑风暴。它可以促进好点子的产生，并且能最大限度地释放每个人的想法。

首先请团队的成员匿名写下各自心中所有可能的决策；其次团队内

部归拢，逐个阐述讨论可行性；最后选择或者延展出团队成员认为对团队当下来说最佳的决策方案。（方法来源于［美］史蒂芬·G. 罗格伯格，《学会开会》）

这是帮大家把好的思路在会议上更多更全面地呈现出来的好方式，能保证好点子的充分探讨和评定，对决策的质量与达成真共识是有极大保证的，唯一的缺陷是它会花费很多时间，但如果面对的是公司真正核心的问题，我相信这一定是值得的。

其实，除了梯子练习和书面头脑风暴，还有第三种方式：**参会者提前阅读会前资料，并且思考自己预想的方案**。这样既可以大幅提升会议效率，又可以不被现场急匆匆想答案的场域氛围所干扰，从而产生好点子。运用这种方式，会议决策现场要做的事是针对会前所想的方案，看看在了解全面现象和真问题之后，是否要做调整和补充。这样的方式不仅能保证会议的高效，也能让达成共识的决策方案来源更广、针对性更强、质量更高。

无法达成真共识有两个原因：一是找不到好的决策方案；二是决策方案难以达成共识。关于找不到好的决策方案，面对"生产阻塞"的情况，在这里我们已经提供了没有好点子产生的三个优化方向（图4-3）。按照这个方向思考，思路是不是打开了呢？

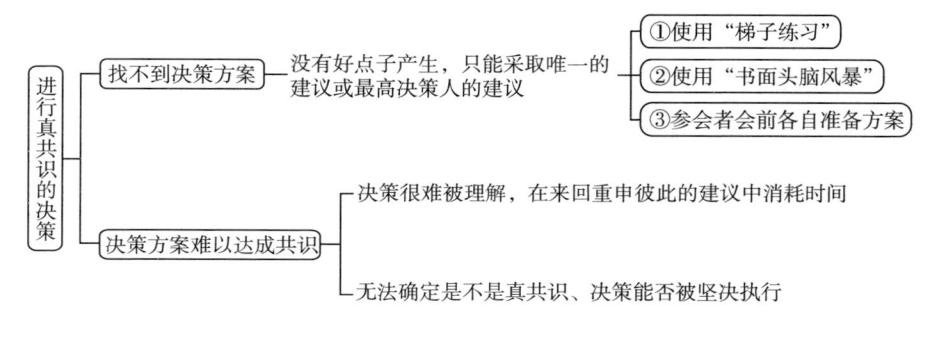

图4-3　没有好点子产生的三个优化方向

练习十： 关于解决没有好点子产生的行为改变

行为改变的具体事项如表 4-1 所示。

表 4-1　关于解决没有好点子产生的行为改变

		本内容中我们存在的问题	目前阶段是否需要改变	具体改变行为描述	开始执行时间
进行真共识的决策	找不到决策方案之没有好点子产生				

参会者签名：

日期：

二、高效的讨论方法，促进真共识

刚刚我们探讨了如何找到好的决策方案，接下来我们探讨如何让决策方案更容易达成真共识。

共识最难的地方往往不是对某个人的主张达成一致，而是觉得自己的想法被考虑和尊重，这是人的本性。为此，我们要突破自我意识层面的三个关键，也就是"谷歌三要素"。它是指在汇集了所有意见后，我们在此讨论达成共识时，要考虑的三个非常重要的要素：

① "包容"，让全部利害关系者参与；

② "合作"，有时候即使牺牲少数人意见和个人的主张，也要以对会议全体成员来说最适合的决定为目标；

③"平等",全体与会者同样重要,反对意见都会得到重视。

在决策的时候我们很容易陷入情绪中,会忘记我们的初衷。特别是第三个要素"平等",要尊重每一个意见,特别是反对意见,也许这就是我们打开另一新天地的开端。只有会议中人人都怀有这样的心态,我们才有可能更好地形成真共识。

试想,如果我们从会议开始就根本不关注那些影响力比较弱的同事,那么就缺乏了相应的视角补充。在决策时最高决策人说什么就是什么,不关注那些影响力较弱的同事——那些同事往往是最后执行决策、与决策最相关的人,他们没有理解这个决策,又如何形成真的共识,就算在会议上做了"无主见点头人偶",将来的执行力也一定不高。

或者对于跨部门协作的同事,我们希望他们可以给我们一些协助,邀请他们参会却并不重视他们的问题与发言,做一个决策就希望别人能够配合参与,可想而知,这是很难的。既然是参会人员,肯定或多或少是和决策有相关性的人,那么只有平等尊重每一条意见,在此基础上产生共识,才是真正为这个会议的最终结果打下了良好的基础。

第二个要素"合作"也是避免其他参会人员被拥有强影响力的个人的想法裹挟的关键要素。合作是在平等之上的进一步诠释共识的做法。前面我们说过共识不是要求每个人都绝对同意,但一定是对整个组织来说最好的决策方案,注意这里说的是组织而不是会议室里的大多数人。有时候一些参会人员提出的决策方案或许是有其道理的,但也有可能缺乏某些视角。这里我们要秉持合作的心态,为了让组织越来越好,基于组织里的大多数人的共同角度出发,选择一个最好的决策方案。

除了意识层面,工具层面也应优化。不得不承认的是,很多时候我们的决策难以达成共识并不是因为我们有多么的不一致,而恰恰是因为我们找不到彼此背后意图的一致性,由于我们相互不理解,所以很难达成共识。我们鼓励良性的不一致讨论，良性的不一致讨论恰恰说明了我们在意这件事、在意这个组织。但从会议效率的角度出发，需要一些方法和工具帮助我们快速理清彼此未形成共识的部分，帮助我们更好地对决策形成共识。

大多数会议中都有这样一种情况，对对方提出的方案有不太理解甚至有疑问的地方，我们默不作声，在最后要决议的时候，仍然用沉默代表我们的看法。

有些稍微积极的参会者则会在别人表达完自己的决策建议后，顺势提出自己的想法。因为在他们心中或许自己深思熟虑的这个建议才是最合适的。对别人说完的话就不再追问，只顾自己的建议不去思考别人的想法背后的原因，我们只是不断表达自己的观点，不断地向对方输出，忘记了决策是要达成共识的，我们的目标是找到共识、同频的地方，以这个地方为中心来共同认识我们的决策。

对此，我建议在讨论决策措施的时候可以多问问对方背后的逻辑、意图和关键点，通过交流，找到相似的意图，再基于这个共识的点去扩散，这样会更容易达成共识。

案例三：

在一次月度经营分析会议上，说到下个月的重点事项安排时，工厂的负责人提到下半年是物流旺季，他们需要提前招聘一批员工来保证届时物流发货的准时性。财务觉得应该招聘临时工，因为这是季节性的用工，并不会长期存在，这样的决策从财务的角度来说更经济。这时候就产生了针对问题的不同决策建议，并且听起来似乎财务负责人的决策建议更有道理也更有说服力。

于是我们询问两位参会者为什么会提出这样的想法。也许大家会在心里默默地想：这不是很明显的事情吗？这都听不明白？但其实我们把心中的意图与背后的思考都直接提出来，就会有新的发现，如果真的只是表面的意思，没有更深层次的理解，我们也只是花十几秒钟做了一次确认而已，何乐而不为呢？

工厂负责人说他们最近发现招聘临时工看起来有成本优势，但其中有两个缺陷：一是他们都是临时学习相关的岗位工作内容，对于很多工序标准并不清楚，更谈不上熟悉，所以工作效率非常有限。正因为如此，经常不能按计划准点完成包裹的打包工作，导致赶不上原计划的发车时间，进而经常导致物流的及时性不够，特别影响在客户和在相应平台上的物流口碑，而平台上的物流评分则会影响他们店铺的曝光率和进店流量，这可能会导致错过这个旺季的流量，这对电商公司来说其实是致命的。

二是工厂的工人大多实行计件工资制，而临时工是小时工资制，从效率上来说正式工会因为计件付费而更努力工作，从而形成更高的经济价值。而临时工是按时间付费，很多临时工觉得做多做少无所谓，反而时间磨得更长，对于能否赶上原计划的物流发车时间他们并没有正式工那么在意，他们更在意的是本人在经济利益上的收获。而这背后最要命的是正式工经常和临时工在一起工作，正式工看着他们没有那么多条条框框约束，而且效率也低，还能拿那么多的薪水报酬，心里很不平衡，甚至觉得自己是临时工就好了。

而这个工厂的正式工对比同行的薪水报酬来说处于中等水平，并没有绝对优势，因此工人的离职率也一直比较高。所以，工厂负责人希望提前招聘一定量的正式员工，保障旺季效率的同时也为明年的正式工离职潮做好相应的员工储备。

看完这个案例后，我们是不是找到两个决策背后的一致性了，并非所谓的个人利益不同难以求和，也不是"屁股决定脑袋"，而是二者都希望公司利益最大化，更好地保证高峰期员工的储备量，维持公司在业务高峰期的正常运转。但很多时候我们在做决策时总是急于表达自己认为的正确建议，却没有耐心去理解对方的意图与逻辑。我们天然地认为自己提出的想法是对的，应该被采纳，于是在彼此的讨论中不断强调和重申，却始终无法达成共识，或者由最高决策人拍板一个在我们看来还不错的决策。或许当我们不被询问意图和推理逻辑的时候，我们也很难想到需要说出我们想法背后的很多思考点。真理总是越辩越明的，为了帮大家打开思路，询问出建议的背后意图与推理逻辑，我整理了一些问句，大家可以在会议上酌情使用：

"您是怎么产生这个想法的？"

"这个想法背后的逻辑能给我们讲讲吗？"

"这个建议背后的意图是？"

"提出这个建议是出于什么原因？"

"您能具体解释这里××是什么意思吗？"

"您这个建议里最核心的是希望××这样，对吗？"

"其实，您最想达成××目的，对吗？"

或许我们会觉得这些问句都非常简单，但其中蕴含着两个关键点：第一，确认这个建议背后的意图，从而找到共识点或者未形成共识的点；第二，确认这个建议背后的逻辑从而推动形成共识。

多次使用这些问句的会议用效果证明，询问建议背后的逻辑、意图和关键点来找到不同决策意向中的共识基础，在此基础上形成共识决策则会相对容易很多，并且会后的执行效果也会超出往常一大截。有句话说得好："因为相信才会看见"。到了下一次会议，回顾上次会议的执行情况，参会人员也会更主动地汇报和分享。相信在一个团队或者组织内将这样的深度对话形成惯例后，会议的质量和达成决策共识的容易度都会有明显提升。

至于为何我们的决策方案难以达成共识，主要是因为参会人员之间很难快速理解并接受对方的决策建议。为此我提出了两个解决方法：一是始终牢记"包容""合作""平等"三要素，从内心深处尊重每一个参会人员的意见与想法，以此保证决策方案的理解上一致。二是通过真诚地询问有疑问的地方，理清表达内容的"逻辑、意图、关键点"，判断决策方案的可行性与风险点，以此来推动形成共识（如图4-4）。

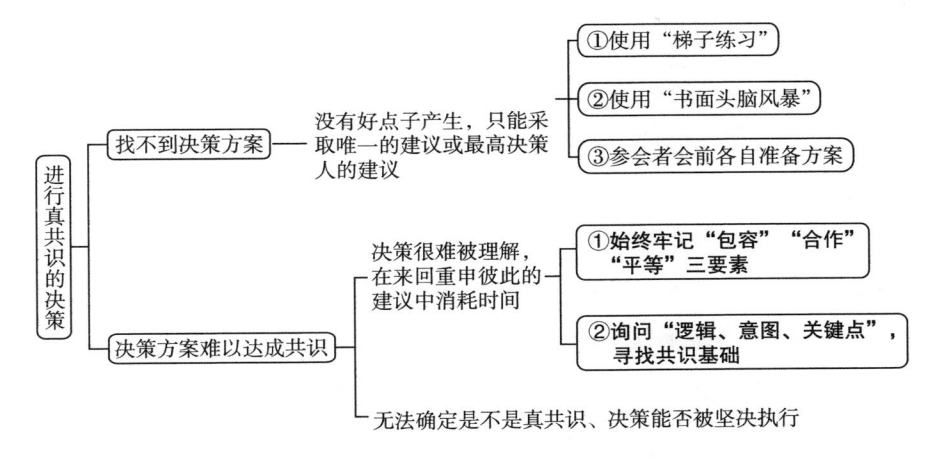

图 4-4 决策很难被理解的优化方向

练习十一：关于决策很难被理解的行为改变

行为改变的具体事项如表 4-2 所示。

表 4-2　关于决策很难被理解的行为改变

进行真共识的决策	决策方案难以达成共识之决策很难被理解	本内容中我们存在的问题	目前阶段是否需要改变	具体改变行为描述	开始执行时间

参会者签名：

日期：

我们已经探讨了没有好点子产生和决策很难被理解的问题，相信现在你对如何进行真共识的决策已经有些感觉了。真共识一定是能够激励所有参会人员在会后充满激情地去传递会议决策，并且信心满满地去干、去实现的目标！

大多数时候我们有前面的意识和做法，一定会大幅提升我们形成真共识的效率。但会议做出决策后还有一个关键环节——共识决策，对此，我们一定要现场做确认，确认参会人员是否都对这个决策达成了共识，并会认真对待与执行。

这里有个很好的工具，我叫它"共识决策卡"。首先给每一位参会人员发三张双面卡片：一张绿卡、一张黄卡、一张红卡。卡片要足够大，确保会议室的每个人都能清楚地看到彼此手中的卡片。每种颜色都有具体含义。绿色表示我支持这项决策；黄色表示我可以支持这项决策，但我仍然有些疑问和顾虑需要被消除；红色表示我不支持这项决策，它不满足组织和利益相关者的最大需求。

当会议的决策方案最终呈现出来时，请所有人一定同时用卡片进行共识决策，如果可以，最好是先背对背举出卡片，再面对面来确认。如果有持黄卡者，请他说出最后的顾虑，并请持绿卡者积极回应；再请持红卡者说出反对理由并给出备选方案。

最后通过卡片的颜色来确认决策是否真的得到共识，因为在很长时间的会议讨论之后，直接在会议上表达自己的不赞同，发言人往往要承受更大的心理压力，通过卡片的颜色，我们可以很好地判断我们是否达成了真正的共识。（方法来源于［美］拉里·德雷斯勒，《共识决策：用对话建立共识，获取支持度和执行力》）

当然，共识决策卡是个好工具，但在前面讨论得足够充分时，便可以简单地做个确认。就是请会议的主持者，要注意一定不是会议的最高决策人，慢速地重复问三次："我们现在达成共识的决策是××，大家还有什么顾虑和不同建议吗？"每一次询问之后要等待一定时间，给内心有疑问的人一定的心理准备时间，并且最后一次的等待时间一定要长，因为这是一个需要鼓起勇气挑战全场的时候。当然，这里的三次并不是一个定数，我们可以根据现场情况确定。

到这里为止，关于无法确定是不是真共识的优化方向（图4-5）就讲完了，你有什么感悟呢？下面来做一个练习吧！

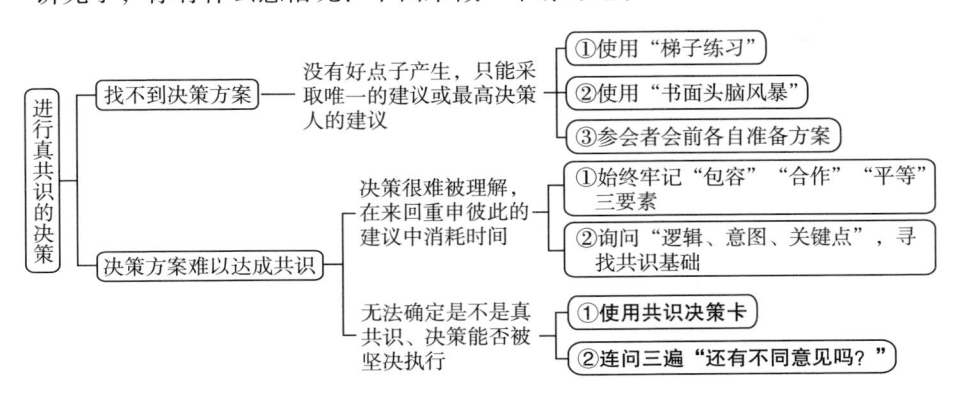

图4-5 进行真共识的决策

练习十二： 关于无法确定是不是真共识的行为改变

行为改变的具体事项如表 4-3 所示。

表 4-3　关于无法确定是不是真共识的行为改变

进行真共识的决策	决策方案难以达成共识之无法确定是不是真共识	本内容中我们存在的问题	目前阶段是否需要改变	具体改变行为描述	开始执行时间

参会者签名：

日期：

至此如何在会议中获取足够的信息，如何辨识真问题，如何进行关于真共识的决策便讲完了，关于如何进行真共识的决策，面对找不到决策方案和决策方案难以达成共识这两种情况如何优化也提出了对应的措施（图 4-5），尝试根据自己团队的情况选出 1～3 条做一个改变计划吧。下面就来做一下这个章节的练习吧！

练习十三： 关于提升会议产出价值的关键 3——如何进行真共识的决策的个人行为改变

行为改变的具体事项如表 4-4 所示。

表 4-4　关于提升会议产出价值的关键 3——如何进行真共识的决策的个人行为改变

序号	问题类别	优化方向	改变行为（同前 3 个练习）	排序
1	找不到决策方案之没有好点子产生	①使用"梯子练习"		
2		②使用"书面头脑风暴"		
3		③参会者会前各自准备方案		
4	决策方案难以达成共识之决策很难被理解	①始终牢记"包容""合作""平等"三要素		
5		②询问"逻辑、意图、关键点",寻找共识基础		
6	决策方案难以达成共识之无法确定是不是真共识	①使用共识决策卡		
7		②连问三遍"还有不同意见吗?"		

CHAPTER 5

第 五 章

行动计划
落实与跟进

在前面的章节中，我们已经提出了第一章中说到的现象①~⑧的优化方向，逐步探讨了如何在会议中获取足够全面的信息，来保证我们对问题的全面了解。然后探讨了如何辨识现象背后的真问题，保证我们对改变现状的关键要素有精准把握。接下来讲了面对真问题如何找到当下对团队来说最好的决策措施。

在这一章节我们将阐述如何落实好决策，并持续跟进、反馈相关行动进展，确保决策落地。也就是看看现象⑨和现象⑩有哪些可以优化的方向。

现象⑨：会议决策在会中说了就算完毕，没有固定的总结确认环节；

现象⑩：会议决策没有固定的跟进人，也没有反馈回顾环节。

从图5-1来看，我们主要要克服两个阻碍。第一，现场没有确认后续决策落实的安排，导致决策通过后，事情的落地无人负责，问题持续存在，持续造成负面影响。第二，现场决策的行动安排就像是问题的句号，后续落实的有效性不再被关注，有可能错过解决问题相关优秀经验的积累，更有可能导致因决策措施的有效性不佳，而使问题持续发酵而不是被解决的情况出现。

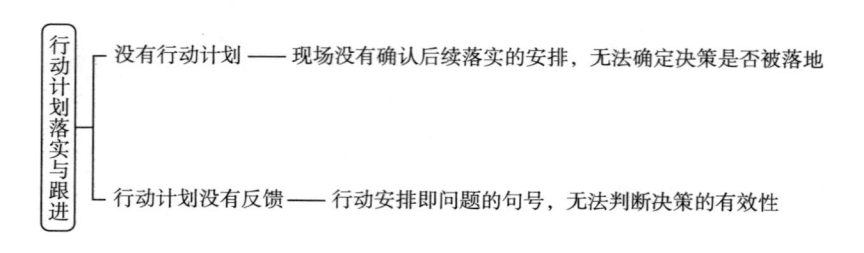

行动计划落实与跟进 ┤
- 没有行动计划 —— 现场没有确认后续落实的安排，无法确定决策是否被落地
- 行动计划没有反馈 —— 行动安排即问题的句号，无法判断决策的有效性

图5-1　行动计划落实与跟进的阻碍

一、关键行动要清晰，保证决策落地

我们来看第一个阻碍，现场没有确认后续决策落实的安排。我们常常在辅导企业的时候说这样一句话："决策后如果不采取行动，那和没有决策没有任何区别！"

很多时候我们陪企业开经营分析会，发现每个部门汇报的时候都做了大量决策，但是并没有明确谁为这个决策的落地负责，哪些人支持，项目关键节点是哪些，最后确认问题是否被解决的衡量指标是什么。我们常常听到以下几句话：

"那就这么定了，这件事情你们做一下。"

"那这件事情就这么办。"

"好，那我们就这么做，看下一个主题。"

"×总你负责这件事情。"

往往以这样的语句来结束对问题的探讨，最后问题解决方案的落实也就成为一句空话。如果没有确认行动计划，也没有得到相关参会者的承诺，会议最终效果可以用"零"来形容。

制订行动计划有两个作用：第一，是为了明确后续落实行为的安排，谁负责、谁参与、什么时间完成、如何算完成，确保一切需要落实的关键项等都部署到位。第二，是为了得到相关人员的承诺。我们部署的工作任务需要得到相关人员的承诺，如若对方没有意愿或者近期工作过多无法安排，而最高决策人不过问就直接安排，很有可能最后导致决策落地时困难重重。所以，我们需要在这个环节获得相关人员的承诺。只有获得承诺，相关人员才会为他们的行为和结果买账，他们才会朝着承诺努力，排除万难只为达成他们的承诺。如果在会议上没有获得这份承诺，对于相关人员来说，这就是临时被安排的活，重要性远远在其他工作之下，待到有空时再来处理，一拖再拖，直到决策措施的落地这件事彻底被遗忘。

对于这个阻碍，有三个行为改变的建议：第一个行为改变的建议，使用"行动三角"这个工具。三角形的三条边分别是行动计划的三个重要因素："谁""什么事""什么时候完成"。如图5-2所示。

```
          什么事  /\  谁
                /  \
               /    \
              /_____\
             什么时候完成
```

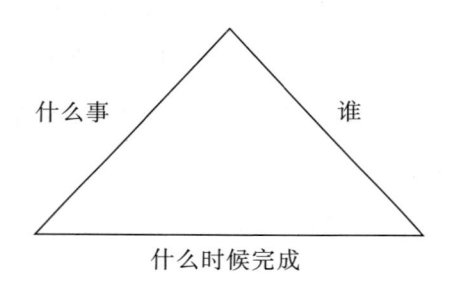

图5-2 "行动三角"

"谁"指的是谁负责这件事，这里包含负责人和参与者、协助者。最重要的是，负责人一定要明确。负责人必须是参会人员，如果某项任务被分配给非会议小组成员，他并不清楚事情的前因后果，累死累活做出来的未必是企业真正需要的，反而会因此错过解决问题的最佳时间。特别是定期的规律性会议，如果不是其中某个参会人员负责，后续将无从获得关于决策落地的进度和有效性的反馈。

案例一：

在一次核心的客户分配会上，大家正在思考某个优质客户安排谁来对接服务，大家手头上的事都很多，也对这位客户不是很熟悉，于是有人提议将这个客户安排给新来的华经理，但他当时不在场，并不清楚这个客户的信息。

　　一周后，当提及这个重要客户的服务进度如何时，没有人知道，问华经理，他表示："这是谁？我只听谁提过一下，但并不清楚我要做什么，所以也没放在心上，现在是需要我做什么吗？"现场的人都很惊讶，但又觉得华经理的回答没有问题。

　　"什么事"指的是我们解决问题具体需要做的事。它不是指问题本身，它可以是我们解决问题的关键节点、具体步骤，也可以是解决问题的关键策略。不论它是什么，都必须包含判断这个问题是否被如期解决的指标。比如判断我们是否解决了员工大量离职的问题时，我们需要员工离职率的数据对比；判断我们是否解决了库存大量堆积的问题时，我们需要了解库存与销量的动态比率；判断我们是否解决了产品质量问题时，我们需要了解一次性出库成功率。总而言之，这里的事是可执行的任务，并且可被验证完成与否。

　　"什么时候完成"指的是问题解决的时间。如果是项目的行动计划，最好包含关键节点完成的时间，避免到最后才发现要延期的情况，或者因为没有关键时间标记，无从回顾进度，后续行动逐渐被人们忘却的情况。

　　案例二：

　　某医疗设备研发公司，这两年一直在攻克一项新的技术，因为技术很难很复杂，又没有具有相关经验的人员，一切都在摸索中，一年多过去了，还是没有明显效果。一天众人在会议上提议，能不能请这项技术的负责人给他们讲讲新技术要攻克的难关都有哪些，每个技术节点大概需要多久。他们也好提前准备新技术上市后的组织动作，届时市场部、生产部都可以提早做好准备。于是技术负责人讲了几个关键技术难点，并且预估了攻克各个技术难点应该用多少人、多长时间。结果大家推算发现，距离第一个关键时间节点已经过去了2个月，他们才快完成。技术负责人反复核对，发现他们实际完成的时间确实比他预估判断的晚了很多，于是现场定下了关键时间节点和最终完成期限，并且要求在每个时间节点及时和其他部门同步。最终在第二年的上半年完全攻克了新的技术的所有难关，并得到了相关权威机构的认证。

案例二中技术负责人前期对于"行动三角"的"什么时候完成"没有把握，导致任务进度一直是脚踩西瓜皮，滑到哪里算哪里。

以上是关于"行动三角"的介绍，现在我们来看第二个行为改变的建议。当我们在会议过程中，会议最高决策人并没有按"行动三角"安排时，其他参会者或者主持人可以尝试选用以下"问题确认清单"里的问题来提问，来帮助决策推进落实，明确相应行动计划：

谁负责此事？

参与这件事情的执行人都有谁？

需要哪些部门的什么协助？

能否确认一下需要记录的行动？

这件事情的截止时间是什么时候？

这件事情的关键节点都在什么时候？

我们如何判断这个问题被解决了，是否有相应的判断的指标？

这个指标中的关键定义我们是否都清楚？比如什么是大客户？是以销量为标准，还是以客户规模为标准，还是以交易次数为标准？

到什么时候为止？如果一直照计划执行，但还是没能达到解决困难的判断标准，是否需要对问题再进行专项讨论？

在会议中，如果决策没有部署相关的行动安排，被一些话语草草结束了，其他参会者或者主持人一定要及时站出来，通过提问确认这些行动的重要因素，以确保"行动三角"是完整的，相关重要行动节点是在会议现场得到相关人员承诺并会坚决执行的。

现在，我们来看看**第三个行为改变的建议，在会议中所有的问题都被讨论决策并列出行动计划后，请会议记录人总结展示所有决策及行动计划安排，并请所有人做出承诺**。确保我们每一个人都认可这次会议上做出的决策，并且不再有任何其他声音。这代表着所有参会人员走出会议室后，我们对外只有一个声音，也不会产生"走廊抱怨"。当相关事项的负责人在组织内落实行动需要协助时，我们应该义不容辞地给予帮助。

注意，在这里我们要的是将决策用文字展示出来，而不是简单地概括和陈述，要让每一个人看到和自己相关的决策并作出总结，确认所有人对本次会议的决策做出承诺。

还记得第二章的案例一吗？一家大型饮料公司的副总裁认识到团队需要更多的冲突。遗憾的是，他们很难让大家打破表面和谐，参与冲突，这是很常见的现象。于是副总裁制定了两项正式的规则，其一就是如果大家在讨论中保持沉默，他就会把它理解为分歧。大家很快意识到，如果他们不参与讨论甚至是争论的话，会议是无法做出决策的。

而第二项规则就是，在每次会议结束时，副总裁会让所有人看着他们展示的会议决策在会议室走一圈，让每个参会者进行思考和做出最终承诺。通过这样环绕一周的形式来达成共同的承诺行为。

在江户时代的百姓起义书上，大家讨论结束后会在中间写上誓言，然后以这个誓言为中心呈放射状署名，形成椭圆形，以此作为承诺行为，

也代表着这次活动的结束。(故事来源于［日］堀公俊、加藤彰、加留部贵行，《用会议激发团队效能：打磨团队》)

案例三：

在经营分析会上，针对每个一级部门负责人的汇报分析情况，我们通常都会有一些决议和后续的行动安排，但这就要求每个人记住与自己相关的。常见的情况是在汇报部门阶段性的工作进展与成果的过程中，针对不同的数据和项目节点都会有汇报人和其他参会人员来来往往地讨论，等半小时过后，讨论清楚了，决议在此过程中也有了，坐下时有些细节却想不起来了。接下来又要听别人的汇报，根本没时间整理，再然后会议结束时，决议就还记得2项，若问别人，大家自己部门的决议都记不太全，哪还有空关心其他部门的事情。于是7个部门，每人记住的决议直接衰减了3/5，更别提剩下记住的2/5决议的完成率和效果了。

所以，一般会请主持人或者记录员进行记录，在每个人汇报完了进行确认，在会议结束前做一个整体的决议展示，并确保得到了现场所有参会人员的承诺，以保证这次会议的产出价值大于成本。

没有行动计划的优化方向如图5-3所示。

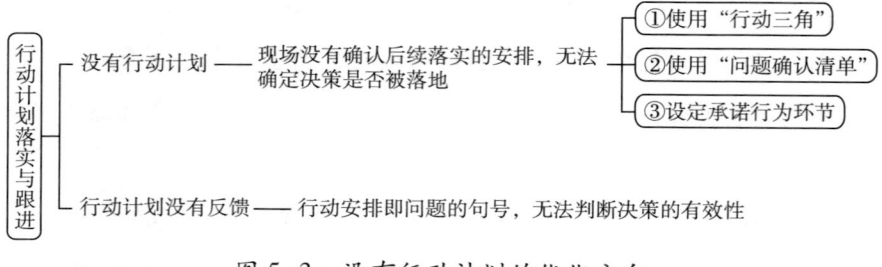

行动计划落实与跟进
├─ 没有行动计划 ── 现场没有确认后续落实的安排，无法确定决策是否被落地
│   ├─ ①使用"行动三角"
│   ├─ ②使用"问题确认清单"
│   └─ ③设定承诺行为环节
└─ 行动计划没有反馈 ── 行动安排即问题的句号，无法判断决策的有效性

图5-3 没有行动计划的优化方向

练习十四： 关于无法确认决策是否被落地的行为改变

行动改变的具体事项如表 5-1 所示。

表 5-1　关于无法确认决策是否被落地的行为改变

行动计划落实与跟进	没有行动计划之现场没有确认后续落实的安排	本内容中我们存在的问题	目前阶段是否需要改变	具体改变行为描述	开始执行时间
参会者签名：					
日期：					

二、追踪反馈，检验决策有效性

刚刚讲了我们经常会遇到现场没有确认后续行动计划安排的问题，除此之外，我们常常还会遇到一个问题：行动安排即问题的句号。对于后续行动的持续性、有效性没有跟进，我们无法知道决策是否有效，行动过程中遇到了什么样的困难，决策是否被执行，决策是否需要再讨论调整。

我曾经辅导过一家企业，发现在经营分析会上，每次到 IT 部门汇报时，总经理总是会提同一个问题："上次我让你们做的那个技术分析怎么样了？"然后技术负责人便用很多专业术语回答："现在我们完成了××方面的可行性研究，在××阶段。"连续三个月都是如此。在场的人一听就知道这是目前还没戏的意思。

这种现象相信大多数人并不陌生，因为行动计划的追踪与跟进机制没有完善，所以总是相关人员想起来就问一句，甚至行动进行到一半，被别的工作打断，然后就放手不管了，投入其他工作。

对此，有三个优化方向。**第一个优化方向：每个会议的行动计划都必须有会议决议的跟进人和追踪方式**。跟进人最好和会议组织负责人是同一个人，保证信息的对齐和工作的连贯性。

以前我们作为顾问在陪同客户企业开经营分析会的时候，要求会议组织方提前三天将各部门汇报资料发给我们。其中就包括他们上个月的行动计划完成情况。一般提前一周左右我就开始提醒收各部门汇报资料，提前四天开始确认收齐与否，对方会回复"在收了，有些部门因为各种原因稍微有些困难，但明天应该能发给你"。但到了第二天，资料仍然没有发来。这时候我有些着急，我在想他们到底发生了什么，为什么汇报资料迟迟没有准备好。后来我打电话和对接人交流，才知道很多人的行动计划模板依然是空白的，因为他们被其他日常工作占据了所有时间，会议结束后就将决策抛诸脑后了，现在正在疯狂恶补。寻找行动背后的数据变化，但针对这些数据变化却什么都没有做，在会议上就很有可能出现拿上次会上的决策措施不够有效当借口的经典甩锅场景。

就像实施一个项目，如果失去过程跟进管控，绝大多数的项目最后都会延期。对于追踪方式，建议定期追踪和反馈进度，并且不断沟通其中的细节和跟进效果，以便在会议回顾时，我们可以清楚知道这些结果背后的细节，以及可能的原因。

第二个优化方向：在下次会议开始前，我们必须对上次会议的内容进行回顾和总结。继续讲刚刚那个故事，在会议开始的时候，我们安排好每个部门汇报的次序，并且要求每一个部门负责人在汇报的一开始一定是回顾上次会议决策后的行动进展和结果变化。我们常常发现这样那样的问题：只有过程描述没有行动结果说明；只有结果表述没有数据证明决策的有效性；只有数据结果，没有过程分析、总结相关经验……

在回顾和总结的时候，我们更希望听到结果是什么，相关的关键数据变化是什么，目前行动进度是红灯还是绿灯，背后的原因是什么。这里的红灯和绿灯指的是措施是否按计划执行，以及问题是否如期解决。只有这样详尽地分析后，所有的参会人员才能知道当初决策后的行动安排有没有成功完成，数据变化是什么，中间发生了什么。至少在接下来的会议时间里，心里不用再一直有疑问："上次的问题究竟解决得怎么样了？"

绝大多数企业能够按照前两个优化方向对会议管理进行优化就已经非常不易了，但我们还忽略了一个细节。**第三个优化方向：回顾行动进展，并进行分析总结**。如果这个行动是成功的，解决了我们上次会议的难题，背后的优秀经验就应当总结出来为组织所用。如果这个行动是失败的，仔细分析其中的关键因素，也许可以通过优化组织的流程机制来避免再出现同一类型的问题，为企业的组织管理再做一次强化，再添一道"安全门"。在一次次优化过程中，我们的组织机制也会不断得到优化。

如果行动计划没有很好地解决这个问题，我们就要重新进行分析。究竟是行动的强度不够、频次不够，还是当时我们的决策不够好？是否需要重新调整解决问题的策略？我们不能任由问题一直发展下去，直至成为企业的一个毒瘤，不断扩散。这样不够高效的决策经验，我们也要让大家知道，至少在以后遇到类似的情况时，我们可以用更少的时间来判断和等待这类决策的反馈，从而更快地找到更好的决策方案，这对组织来说同样也是宝贵的经验。行动计划没有反馈的优化方向如图5-4所示。

```
                                                            ┌─ ①使用"行动三角"
                        ┌─ 没有行动计划 ── 现场没有确认后续落实的安排,无法 ─┤─ ②使用"问题确认清单"
行动计划落实与跟进 ──┤                    确定决策是否被落地              └─ ③设定承诺行为环节
                        │                                            ┌─ ①确定跟进人与追踪方式
                        └─ 行动计划没有反馈 ── 行动安排即问题的句号,无法 ─┤─ ②下次会议进行回顾与分析
                                              判断决策的有效性          └─ ③及时总结组织经验
```

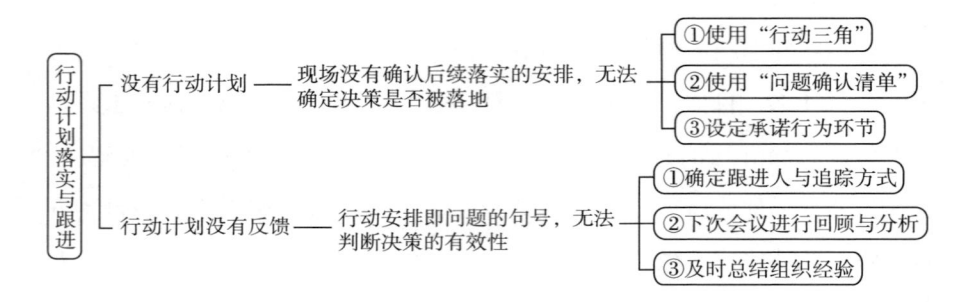

图 5-4 行动计划没有反馈的优化方向

练习十五：关于无法判断决策有效性的行为改变

行动改变的具体事项如表 5-2 所示。

表 5-2 关于无法判断决策有效性的行为改变

		本内容中 我们存在的问题	目前阶段 是否需要改变	具体改变 行为描述	开始执行 时间
行动计划 落实与跟进	行动计划没有 反馈之行动安 排即问题的 句号				
参会者签名：					
日期：					

至此，关于如何提升会议产出价值的关键 4——行动计划落实与跟进就讲完了（图 5-4）。根据你所属团队的会议情况来尝试做一个关于这部分的改变计划吧！

练习十六： 关于提升会议决策的关键 4——行动计划落实与跟进的个人行为改变

行动改变的具体事项如表 5-3 所示。

表 5-3 关于提升会议决策的关键 4——行动计划落实与跟进的个人行为改变

序号	问题类别	优化方向	改变行为（同前 2 个练习）	排序
1	没有行动计划之现场没有确认后续落实的安排	①使用"行动三角"		
2		②使用"问题确认清单"		
3		③设定承诺行为环节		
4	行动计划没有反馈之行动安排即问题的句号	①确定跟进人与追踪方式		
5		②下次会议进行回顾与分析		
6		③及时总结组织经验		

CHAPTER 6

第六章

每个人都需要修炼的会议精准表达

在前面的章节中，我们已经对十种现象分别进行了探讨，主要提出从获取足够全面的信息、辨识现象背后的真问题、进行真共识的决策和行动计划落实与跟进四个方向进行优化，从而真正有效地提升会议效率。

在会议中或者说在工作中，即便我们掌握了千种万种方法，也不能忽视表达能力，会议中的表达本质上是将事实、想法、观点、建议、好奇、情绪等清晰简洁地传达给别人。"表达"看似简单，但很多人只是会说话，而不是会表达。很多人认为只要我能想到，我就能精准清楚地进行表达，但事实上"思想"往往并不等于"表达"。表达其实是一个专业的领域，有非常多的学问，但本书并不是讲表达的书籍，因此不做过多解释，主要还是给大家介绍会议场景中，如何提升自己的表达能力。

会议的精准表达不仅要求发言者表达清晰，还要求聆听者具备明确表达疑问的能力。 会议精准表达的阻碍如图 6-1 所示。

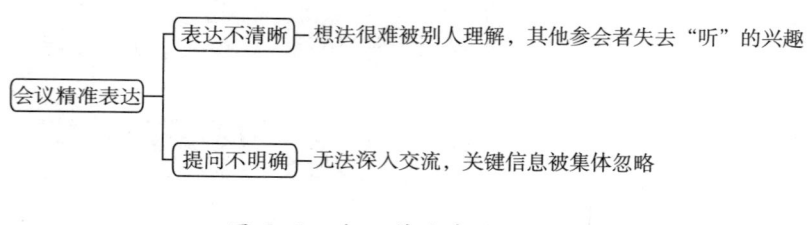

会议精准表达
- 表达不清晰——想法很难被别人理解，其他参会者失去"听"的兴趣
- 提问不明确——无法深入交流，关键信息被集体忽略

图 6-1　会议精准表达的阻碍

一、使用共同语言，降低倾听难度

先来看表达不清晰的问题。我曾是个心中文思泉涌，但在会议中发言时会左右徘徊、磕磕巴巴的人，最后说出来的话一定是逻辑不清晰、意图不明确的。五年前，我甚至一度不敢发言，怕说错话，怕别人的目光，怕表达不合适，思索良久最终选择沉默。

或许我们同样有着无数想法和观点要表达，但一张口就紧张不已，因而磕磕巴巴，来回重复，心中清晰的逻辑条理在听众听来变得极度不清晰，从而让无数听众感到眩晕，就算很好的点子也因表达不佳而暗淡了不少。

做咨询很多时候就是要靠表达说服别人，通过清晰表达让别人看到第三方的视角与观点。不得不承认，我前面几年一直做得不好。还记得我第一次上台主持的前夕，仅仅一个开场白我都连夜在酒店背了十遍，明明关键点、逻辑、背后的原因都知道，但第二天还是紧张，甚至说话的时候我都能感觉到自己的声音在颤抖。直到我把话筒交给上课的老师，我才发现因为太紧张，我连前期暖场的背景音乐都忘记关了。后来企业家还笑着过来问我，说我明明讲得挺好，为什么那么紧张。我想这就是表达的缺陷吧。虽然现在我早已克服了紧张导致的口齿不清晰的问题，但合格的表达不仅要做到口齿清晰，还要培养识别和抓住关键点的能力。

因为本书不是讲表达的书籍，所以在这里并不介绍如何设计开场白、如何和人互动、如何抖包袱之类的，**在这里主要讲会议中合格的表达除了要做到口齿清晰外，最少还要做到用词普适、逻辑清晰、意图明显。**

一个不清晰的表达，一定很难被别人快速理解并迅速得到对方的反馈。这将会让我们花费大量时间在彼此确认对方的意思上，一旦时间过长，现场其他听众就会被这些对话绕晕。起初其他参会人员还会聚精会神地聆听这解释来解释去的复杂对话，但时间久了就会觉得特别吃力，逐渐失去兴趣。当大家听不到清晰有用的信息时，就会开小差，注意力游离在会议室之外。而会议中有人呈现放弃的状态转而去做别的事情时，毫无疑问其他人也会产生"哎，反正大家都听不懂，那我也不听了"的想法，会议的后半段就容易陷入"死局"。

会议中要做到清晰地表达，首先是要用词普适。什么是用词普适？

来看两个案例。

案例一：

2014 年云南昆明火车站暴恐事件发生后，北京大学第一医院紧急派出了一批医生参与伤员救治，其中包括一名普通外科副主任医师，然后北大医院的官微就莫名其妙地被一帮不明真相的人"黑"出了天际……

于是段子手们开始出动，调侃这么多年来一直没意识到，原来医生是这么排级别的："粗糙外科医生、普通外科医生、优秀外科医生、精良外科医生、史诗外科医生、传说外科医生。"

然而，普通外科（简称普外）只是医学领域里外科的一个科室。因为刚开始的时候，外科医生是不分科的，但后来随着医学研究水平的不断提高，神经外科、胸外科、心外科、骨科等纷纷从普通外科里分离出来，成为单独的门类。

那名普通外科的副主任医师是北大本硕博连读的外科医学博士，毕业后一直留任北京大学第一医院，有着丰富的经验并且撰写和翻译了众多医学著作，至少是网友心中的"精良外科医生"。

当然，这是属于当代网友没有理解一些常识性用词，但也正是这样才暴露了一个问题，"你的常识也许并非我的常识"。

案例二：

在一次立项会上，产品负责人针对新产品研发的可行性进行了汇报，众人纷纷表示赞同，并当即表示这个产品值得立项。这时候大家提出想看看公司的经营情况和该项目的投入产出比对公司现金流的影响情况，于是请财务人员将财务情况进行分享。

于是财务人员打开专业的表格，卖力地介绍摊销成本、购置成本等专用词汇，几分钟后大家就被绕晕了，十分钟后，其中一位参会人员实在忍不住，站起来说："能请您把这些专用词汇转译成普适的大白话告诉我们吗？因为我们实在是听不懂！"

也许你会觉得这是高管的失职，缺乏基本的财务概念。但很多 CEO 曾经跟我说过，财务的汇报通常是所有高管的汇报里他们最不感兴趣的，因为他们实在听不懂，也没有兴趣花时间研究。他们有时候就只关心几个常规数据。

可见，在交流的时候我们尽量用普适的表达是多么重要。在会议中，我们每个人都有自己的职责范围、专业领域，当每个人都在会议上对别人输出自己的专业术语时，这个会议的信息就会变成一团麻线，无法梳理清楚。如图 6-2 所示。

图 6-2　信息变成一团麻线

另外，相信绝大多数企业由于组织发展的需要一定存在空降高管的情况。假设你就是这个空降高管，刚来到这家企业，发现本土生长的高管之间有非常多的小默契，最典型的表现就是在会议上经常说一些你听不懂的专有词汇，好像是这个组织的语言密码。比如"TMT"（意为核心高管团队），这是他们在某家学习机构一起学到的专有名词。而你作为空降高管对此没有概念，每次会议上这个词汇出现时都感到迷惑，但你观察周围发现其他人听完都是会心一笑并且习以为常，于是你好不容易鼓起的提问勇气又转瞬即逝。你只能等到会后，找一个看起来好交流的人，装作不经意间提问，稍有些尴尬地悄悄获取正确答案。但在会议中你感到陌生的词语并不仅仅是这一个，为了避免别人对你的专业能力产生怀疑，你决定每次默默记下，一边逐渐在会议中理解，一边靠偶尔不经意间向人询问来搞清楚。但没有人知道你的痛苦，你的注意力里一直被那些不属于你的"词语密码"吸引，因而错过了更多的重要信息。而反观其他参会人员，大家只是觉得你刚来，可能不太喜欢发言罢了。

现在很多企业都有一两个有互联网大厂背景的高管，他们常用的词语就是"拉齐""对齐""抓手""对焦""赋能""闭环""链路""场景感"等。这些词语在今天已经算比较常见了，但对于当年那些第一次听的高管和企业家们而言却不容易理解，开会的时候多多少少总有些人听不明白，又不好意思或者不方便提问，那新进高管分享会就会变得比较"纯粹"——大家大眼瞪小眼。

当然，这些只是非常平常的例子，并非真实案例。但不得不承认，每个组织在发展过程中都会产生非常多的专有语言文化，而身处这个组织中的我们自然是非常习惯的。

刚刚的例子中只有一个新人听不懂，事实上在一个组织里，新老占比远远不止1∶9！这就意味着在无数的会议中，无数的人在无数的专有词语中"打转"。会有无数的人将无数的时间浪费在对语句最简单的理解上。当然这不是最可怕的，最可怕的是我们任由没有对焦清楚的词语或者句子滑过，这很有可能造成相应的工作行为落地时的巨大偏差。

要说明的是，这里说的用普适的表达并不是指要讲大白话，每个行业一定有其专业用语，这个"普适"指在组织内有较高的接受度，极个别难以理解的专业术语可以进行单独诠释。

我们常常说"这个世界没有两片相同的叶子"，同理，"两个人也没有两部相同的个人词典"。我们的用词一定来源于我们的"个人词典"，而"个人词典"由一天天的人生经历累积而成，其中包括我们的家庭环境、教育经历、工作经历、交友经历等。但没有任何一个人会与他人的个人经历完全一样，所以会上说的话如果表达得不够清晰，未必能很快得到其他参会者的理解。

除了用词普适，对于整个公司而言，如果组织内部有一些管理方法一定是经常会使用的，那我们就要学会统一管理语言逻辑。

常常听到一些管理者跟我们开玩笑地说："最怕老板出去学习，学完回来就要将学到的内容落地，然后转述也不清楚，底层逻辑也不是很清楚，大家也不知道如何落地，最后弄得草草收尾。"当老板想要提升组织能力时，常见的做法就是送不同的高管去不同的商学院学习，然后想当然地认为这样可以集天下的企业管理精华于一身。

然而遇到的问题却是，王总学的是 A 企业的管理体系，李总学的是 B 企业的管理体系，赵总学的是 C 企业的管理体系，最后管理者之间的管理方法、管理语言均不一致。在开会的时候探讨到产品研发的方法，三个人的理念各不相同，各说各有理，谁也不认同别人的方法，这也预示着产品研发这件事情还没有走出会议室，就很有可能夭折。

统一管理语言逻辑的时候，我们用的是同一套管理方法，做管理决策时落地的路径也大多相同。不夸张地说，统一管理语言逻辑的企业，有时候会议上说一句简单的管理语言，其他参会人员就能立刻明白接下来你要做的一切事情和原因，那接下来的执行就会顺畅得多。所以，建议管理者内部有时间的话可以统一管理语言逻辑，也统一背后的管理方法。

除了用词普适，统一管理语言逻辑，还有表达的逻辑要清晰，意图要明显。

会议中逻辑和意图往往是紧密相连，同时又交叉出现的，它们主要用来诠释我们的观点。我们来看这样两个案例。

案例三：

第一种：我认为我们应该把店铺的认证工作交由总部统一处理，提升效率。

第二种：我认为我们应该把店铺的认证工作交由总部统一处理，因为店铺资格认证的很多证件资料，需要来回线上申请邮寄拍照，非常影响开店效率，大量时间因等待被浪费。

在以上两种表达中，可以很明显地发现第一种表达只有观点和简单的理由；其他参会人员听到后往往提不出什么问题，也不知道为什么要这样做，更像是一个行政命令的观点输出。第二种表达有观点还有背后的推理逻辑，因为需要邮寄+拍照导致时间浪费，所以建议交由总部统一处理。

也正是因为第二种表达介绍了观点背后的逻辑与意图，我们在后面的交流中才发现问题的关键在于资料认证。后续经过深入探讨我们找到一个更好的办法：不是由总部来转接所有工作，这样也会造成总部认证人员短缺问题；而是在总部建立一个集中的资料库，根据各店铺认证的属性，获取对应权限，在对应位置下载带有公章的相应电子资料即可。

显然，当我们只输出观点时，容易轻易做出未必是最佳的决策，或者输出一些没有理由的观点，这些观点天然没有说服力，没有人会理解并且遵照执行。

案例四：

第一种：我认为我们产品的目标客户不是小朋友，而是父母。小朋友是最终用户但不是最终付费的客户。

第二种：我认为我们产品的目标客户应该是父母，而不是最终的使用者小朋友，虽然我们的内容都是小朋友使用的，但是我们软件上的所有数据信息，都是偏向家长管控模式，家长是最终为这些数据信息付费的。如果客户是谁说不清，我们的产品定位、产品宣传就会有模糊摇摆的地方。

在这个案例中，第二种表达不仅描述了观点，更是直接说明了背后的逻辑和原因，明显会让参会人员更理解其观点产生的原因，可以再在观点背后的原因和逻辑推理层面进行事实确认和深度探讨。

至此，关于表达不清晰的三个阻碍如何优化就介绍完毕了（图6-3），练习一下，找出你们团队会议中可优化的部分吧！

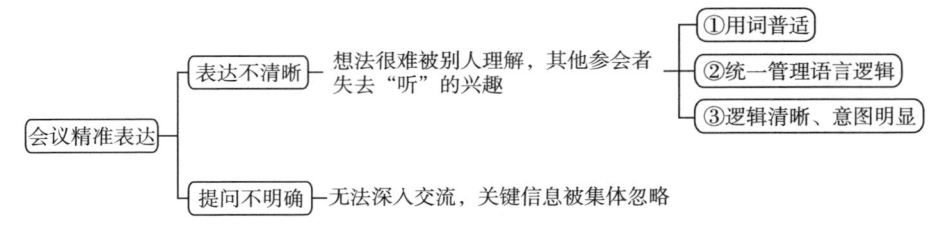

会议精准表达
- 表达不清晰——想法很难被别人理解，其他参会者失去"听"的兴趣
  - ①用词普适
  - ②统一管理语言逻辑
  - ③逻辑清晰、意图明显
- 提问不明确——无法深入交流，关键信息被集体忽略

图6-3　表达不清晰的优化方向

练习十七：关于想法很难被别人理解的行为改变

行为改变的具体事项如表 6-1 所示。

表 6-1　关于想法很难被别人理解的行为改变

会议精准表达	表达不清晰之想法很难被别人理解	本内容中我们存在的问题	目前阶段是否需要改变	具体改变行为描述	开始执行时间

参会者签名：

日期：

二、精准提问，推动对话深入

现在我们来看看倾听者如何更好地提问来克服"关键信息"被集体错过的阻碍。

如果在会场建立了安全交流的场域，当我们对别人的表达存疑时，一定会有疑惑与问题产生，那如何让提问产生的互动一来一回更高质量、更高效呢？这时候就需要倾听者具备精准提问的能力。

当表达者没有表达清晰，而倾听者又没有通过提问确认其含义时，我们对问题相关信息的接收与理解就会变得十分困难，更别提达成一致意见了。

提问追问的时候我们要明确提问意图，比如会议上，人力资源负责人问："能请王总介绍下这些人员编制的结构吗？"有可能是在问背后的组成合理性，有可能是在问战略业务人员与日常业务人员的招聘占比，有可能是在判断是否有缩减的可能性，有可能是在计算人力成本的占比，也有可能是在测算招聘的工作节奏安排。当提问者没有说出自己的意图时，表达者的回答可能就只是简单介绍一个数字和占比，没有多余的相关信息补充，并不能全面解答提问者的疑惑，从而造成决策时关键信息被参会者集体错过的情况。

我们再来看一个故事：妻子下班回到家发现自己忘记买鸡蛋了，于是打电话给丈夫："你现在到哪啦？"丈夫说："哦，我快到家了。"妻子说："快到家是在哪？"丈夫莫名其妙但还是如实回答："我到小区门口了。"妻子有点生气地说："那没事了，挂了！"于是丈夫看着被挂断的电话在风中凌乱……不知为什么又惹家里这位"领导"生气了，甚至觉得有点莫名其妙。

故事里妻子其实并不是真的想知道丈夫到底在哪儿，只是想知道丈夫还会不会经过家门口的菜场，顺道买几个鸡蛋回来而已。这才是她的提问意图。问了两次都没得到相关信息就觉得有些生气，最后得知丈夫已经过了菜场，就心情不悦地直接挂断电话。而丈夫则是莫名其妙地如实回答了两个问题后，却被妻子直接挂断电话，感到委屈。似乎明明自己什么都没回答错，但妻子又是因为自己的回答生气，感觉像丈二和尚——摸不着头脑。

实际上，如果妻子直接说明意图："我忘记买鸡蛋了，你到家门口的菜场时能不能帮我带一下？"也许丈夫可以一次性回答清楚说明买不了的原因，也许丈夫愿意折回几步路去买，这都不一定，但很明显妻子的表达让她错失了这个机会。

明确提问意图可以帮助表达者明确回答的方向，也可以帮助其他参会人员理清对话背后的意图与思路，不至于在对话中迷失。**但作为提问者我们不仅仅要学会对疑惑信息进行提问，也要学会把握发言人表达的层次。**

我们把发言人的表达层次分为三层：第一层是表达的内容；第二层是表达的意图；第三层是表达的情绪。如图 6-4 所示。我们首先要学会区分表达者的三个表达层次，对于表达的内容倾听者是比较好理解的，难理解的是表达者表达的意图和表达的情绪。

比如产品研发负责人提出："这个关键技术非常难，如果是我们团队自己做，可能需要加班加点 3 个月左右的时间才能研究出眉目，我们只能说我们尽量。"在这里，产品研发负责人表达的内容我们很清楚，关键技术很难，团队需要为此付出巨大努力。那他的表达意图呢？从文字来看，我们可以简单认为他心中的判断是本部门不适合做这项技术攻关工作，就算花费大量时间也不一定能成功。从更深层次的表达情绪来看，我们认为他对这项工作的安排有不满意的情绪。

图 6-4　发言人的表达层次

很多时候我们急于针对听到的内容进行交流，却忽略了表达者表达内容的深层次含义。如果会议中我们不想会议陷入混沌，作为提问者提问的时候可以明确表达出自己提问的意图，开诚布公地进行深度交流。如图 6-5 所示。

比如在会议中你作为财务负责人提问："李总，我想了解咱们这边工厂的可通用的标准材料占比是多少。""李总，为了帮助咱们工厂达到今年降本增效的目标，我想了解一下咱们可通用的标准材料占比。"如果是为了让对方的回答更满足自己所需，很明显第二种表达会更好。

我曾经在现场亲身经历，在财务用第二种表达提问的时候，对方不仅告知了可通用的标准材料占比，还告知了数量、型号、对应的文件存储位置。然后现场他们还约定成立一个项目小组，一起寻找市场上的可替代材料或者一起做技术上的迭代，让更多产品在设计端就使用更多可通用的标准材料，减少定制化零件的设计、采购、库存等麻烦事，最终两个部门都完成了当年的降本增效的目标。

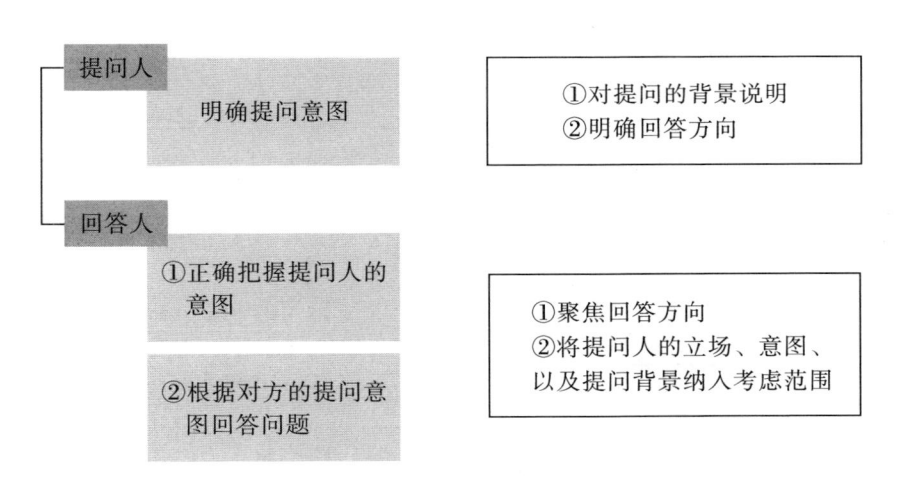

```
提问人 ── 明确提问意图            ①对提问的背景说明
                                ②明确回答方向

回答人 ── ①正确把握提问人的意图    ①聚焦回答方向
          ②根据对方的提问意       ②将提问人的立场、意图、
            图回答问题              以及提问背景纳入考虑范围
```

图 6-5　明确表达出自己提问的意图

案例五：

A 说："我们之前的产品销量很不好，新一代产品一定要成功，不然我们就要在这个市场上丧失最后的机会了。"B 提问："新一代产品怎样才算是成功呢？不搞清楚这个，大家可能会没有努力方

向。"在 B 带有意图的追问下，A 才想起来补充自己对于成功的定义，比如销量、客户满意度之类的。

在这个案例中 A 表达了对新一代产品的期待，但如果没有追问，大家的感觉是一定要成功，但并不清楚怎样算成功，如何取得成功。通过 B 的追问，大家明白了怎样算成功，清楚了目标以后才有继续探讨的意义，也为会议确定策略和行动提供了指导方向。

避免关键信息被错过，通过提问来深入交流的优化方法就是刚刚介绍的两种。第一，回答人回答之前要正确把握表达者表达内容的三个层次。第二，提问人应主动阐述问题背后的意图（图6-6）。（本部分内容参考［日］米泽创一，《本质思考：从底层思维构建解决问题的支点》）

```
会议精准表达 ┬ 表达不清晰 — 想法很难被别人理解，其他参会者失去"听"的兴趣 ┬ ①用词普适
             │                                                      ├ ②统一管理语言逻辑
             │                                                      └ ③逻辑清晰、意图明显
             └ 提问不明确 — 无法深入交流，关键信息被集体忽略 ┬ ①把握发言内容的三个层次
                                                        └ ②阐述提问背后的意图
```

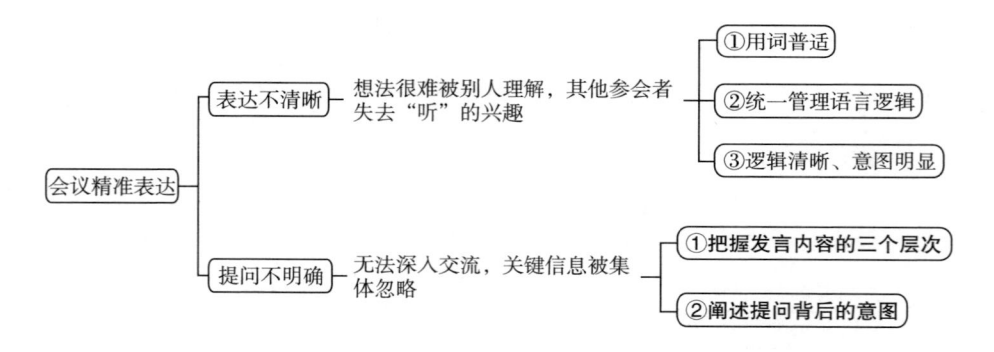

图 6-6　提问不明确的优化方向

练习十八： 关于无法深入交流的行为改变

行为改变的具体事项如表 6-2 所示。

表 6-2　关于无法深入交流的行为改变

		本内容中我们存在的问题	目前阶段是否需要改变	具体改变行为描述	开始执行时间
会议精准表达	提问不明确之无法深入交流				

参会者签名：

日期：

关于会议精准表达的内容就讲到这里了，本章提出了 5 个改变行为的建议（图 6-6），对照你所属的团队会议情况来做个行动计划吧！

练习十九：关于每个人都需要修炼的会议精准表达的个人行为改变

行为改变的具体事项如表 6-3 所示。

表 6-3　关于每个人都需要修炼的会议精准表达的个人行为改变

序号	问题类别	优化方向	改变行为（同前 2 个练习）	排序
1	表达不清晰之想法很难被别人理解	①用词普适		
2		②统一管理语言逻辑		
3		③逻辑清晰、意图明显		
4	提问不明确之无法深入交流	①把握发言内容的三个层次		
5		②阐述提问背后的意图		

CHAPTER 7
第七章

团队文化
工作坊

前面的六章我们介绍了会议决策不够有效常见的十大问题，也通过"四个关键和精准表达的能力"给大家介绍了一些我常用的方法，但在这里我想说的是所有优化方法都是我们在会议（至少是会前准备）这个环节才开始做的。

会议只是我们日常工作中的一个关键场景。要想所有人的心都向着团队，能相互坦露心声，一起找到大家共识的底层逻辑，激发大家竭尽全力地行动，需要的不仅仅是会议上的这些方法，更多的是日常工作中真正的需求与情感。

案例一：

有这样一件真实的事情，A高管的男下属有一次和B高管的女下属因为工作观念不同发生口角，导致女下属情绪崩溃。于是女下属找她的直属领导B高管哭诉，B高管便去找A高管了解情况，当时A高管可能在忙于处理其他工作，就直接回复说："你直接去问他（A高管的男下属）呀……"

囿于职场关系，B高管觉得直接去问男下属不太合适，只能安慰脆弱的女下属，但由于事情没有妥善解决，两个人都在A高管部门的人那里碰了壁。于是B高管从此觉得A高管部门的员工都不是什么"善茬"。对于A高管那边的协作工作自此是能拖就拖，会议上对于A高管的提议也是从不表态，常常无法达成共识。久而久之，两位领导的不对付扩大成了两个部门之间的不对付，部门之间建立起了厚厚的部门墙。

在另外一家公司，某部门两位员工在一个项目上原定分工为A负责工艺设计部分，B负责包装营销部分，A因为对工艺设计有着非常严苛的要求，故持续要求改善工艺方案，力争将最好的产品交给客户。但 B 觉得这样做会导致留给包装营销的时间越来越短，到时候自己负责的工作铁定完不成！于是去找 A 商量，结果 A 义正词严地说："工艺设计才是核心，包装营销是噱头，不要本末倒置！"B 听了这话以后一脸不可置信，一气之下什么也没说就走了。而在下一次产品进度会上，B 就说自己别的项目很忙，而这个项目非常重要，耽误不起，提出请别的小组来负责。然后就以还有其他项目的急事要处理为由，走出了会议室，留下其他参会人员目瞪口呆。

有时候，会议上我们彼此不愿更深入地交流，或者一直达不成共识，也许问题不在会议本身，而是在参会人员的身上。我们在职场中有各自的工作职责和范围，有各自的心理设定，我们认为自己在职场上是这样那样的人，为了维系好我们的职场人设，我们更愿意将自己的开放区缩小，以此维持我们对自己的良好设定。但我们越维系这个人设，越缩小开放区，越是会加深团队成员之间不了解的程度，越是难以产生信任与默契。

一、团队熟悉度测评及提升方法

在介绍对应的方法之前，我们可以做个简单测试，一共 10 道题，看看你对身边经常一起开会的人有多了解吧！

熟悉度测评如表 7-1 所示。

表 7-1　熟悉度测评

姓名	生日	出生地点	毕业院校	所学专业	爱好特长	伴侣情况	子女情况	父母情况	司龄	工作经历	合计

续表

姓名	生日	出生地点	毕业院校	所学专业	爱好特长	伴侣情况	子女情况	父母情况	司龄	工作经历	合计
合计											

其中，表头的每个问题分值为 1 分（姓名不计），你对身边经常一起开会讨论的同事的了解程度是否超过及格线 6 分了呢？你对自己部门的伙伴的了解程度的平均分又是多少呢？

这个表格不仅可以用于参与会议的同事之间，也可以作为同事之间、领导与下属之间、朋友之间的简单测评工具，简单填写一下表格，看看我们是否真的足够了解彼此吧！

经常一起参加会议的团队成员一定要在平时就熟悉彼此，这样在会议上我们才会更加真心地讨论，**取得更好的效果**。那么究竟如何去熟悉彼此呢？接下来我会为大家介绍几种方法，这几种方法来源于我在领教工坊和领教商学堂工作期间的所学所悟，仅供参考。

案例二：

在一家企业的核心高管团队一起来学习时，大家讨论到某个年度绩效目标的设定，其中一位联合创始人和 CEO 争论了将近 2 小时，最终 CEO 忍不住说道："我觉得你还是不够有全局观，你不能只想着你那部分的业务，要为整个公司着想！"说完长吁一口气，感觉自己如释重负。联合创始人听后沉默了很久，最终忍不住低声说道："我们认识十几年了，但你真的了解我吗？你知道我在意什么、不在意什么吗？你知道我对公司有多深的感情吗？我们这么多年有单独喝过一次酒吗？没有！我们甚至都没有一起畅谈过我们内心真正想要的，也不了解彼此的过去，没有一起吹过牛，你有多了解我呢？"到这里，全场震惊并且沉默……所有人都没想到，CEO与联合创始人在一起工作十几年，彼此居然如此陌生，甚至没有单独喝过酒。

在中国的文化里，一顿酒很简单，也很重要，它包含了很多意义，很多男同事之间的"革命友谊"的确就是在一顿顿酒后聊天中建立起来的，因为我比别人更了解你一点，你比别人更了解我一点了，我们的关系就比别人要深一点，相互也就更信任一些。

如果我们有着高频规律性会议的团队能在每次重要会议之后在一些非正式地简单聚聚，在休闲的时候聊聊天，关心下别人的生活状态，男同事之间吹吹牛，女同事之间聊聊孩子家人、好物种草等，让我们这些一起在"事"中吵翻天的人看看彼此的另一面，也许就会发现同事们还有可爱的一面。在这些非正式交流中常常还会出现你有什么难题，刚好我有些相关经验介绍给你的情况，这实在是太常见了，但就是这样小的帮助、小的互动，才让这个团队成员间的关系越来越紧密，也让团队的凝聚力变得更强。**另外，在这里我非常粗糙地将这条实用建议写为"一起吃饭碰杯"，至于是酒还是饮料各位随意。**

我们在第二章简单介绍过乔哈里视窗，也提到我们可以扩大自己的开放区，让别人更了解我们，只有平时更多地相互交流与了解彼此，工作中才会相互理解并产生默契。

一起吃饭碰杯就是一个非常简单实用的方法，我确实见过有些核心高管团队彼此信任，会毫无保留地把后背交给对方的团队，这在处于"青春期"的企业里并不多见。我后来问他们是否定期召开民主生活会之类的会议，他们说就是每次开完月度推演会以后出去大吃大喝一顿，大家坐在一起聊聊天，那时候就不聊工作了。虽然会议中压力很大，有矛盾与委屈，但开完会吃饭聊天时相互之间的关心也是真的，这种形式会让大家避免把工作中的矛盾转移到人的身上。

关注别人成长里的为什么。我们一直在关注工作中的为什么，为什么会出现这个问题？为什么会有这个判断？为什么会有这个决策？为什么会有这个行为？但不得不说很多时候一个人思考、判断、行动的选择很有可能来源于他的成长经历与工作经历。

案例三：

在一次会议上 CEO 问人力资源负责人为什么今年的招聘进度比年初计划慢了 20% 左右，人力资源负责人回答说今年年度目标确定完毕后，她发现从人力资源的角度看应该还有另外几件事更重要，也更符合当时业务发展的需要。于是她熬了好几周重新做了计划，并且在开会的时候也和 CEO 与核心团队对焦确认过这个计划，还得到了肯定，于是后来调整为按新计划执行，所以招聘进度慢了一些。

这时候 CEO 还是问"为什么招聘进度比计划慢了"，人力资源负责人还是反反复复强调这件事情我们一起对焦过，之前你也答应了。反复几次后，人力资源负责人感到莫名的委屈，自己明明主动做了很多，也汇报过了变化，为什么现在在会议上你要公然这样对我，一时忍不住，竟然开始抽泣起来……毫不意外，对话不得不终止。

在后来的一次团建活动中，大家无意间聊到各自的成长历程，人力资源负责人回忆道：自己小时候成绩一般，老师经常当众宣布要她留堂，偌大的教室里就她一个人在那继续写错题作业，哪怕天黑了老师也要等她改正完错题才放她回家。

于是她从小特别害怕犯错，更害怕被当众挑错，整个成长过程都是如此。后来不论遇到什么事情，她总是首先要习惯性强调"这事不是我的过错"。

讲述我们的成长故事，就是扩大我们的开放区的一个好方法。我们会发现对方的某些行为其实并非非黑即白的，多去探索别人内心真正的想法，彼此更近一点，彼此更信任一点，也就更容易达成共识。

在企业内我们通常会做一些团队文化工作坊，其中一个环节就是给团队的其他人介绍自己人生的高光期和低谷期，在这样对一个个小故事的回忆中，我们每个人的开放区更大了，也变得更能凝聚彼此。

有人介绍自己从小成绩优异，一路拿各种荣誉和奖状一直到毕业，所以内心一直很高傲，觉得自己的知识储备量远多于别人，所以总是没有耐心听别人说完。有人介绍自己刚跳槽进入本企业的时候，因为自己刚来什么都不清楚，加上大家都有自己固定的饭搭子，而自己总是独来独往，感到非常难过，所以逐渐就不爱在团队中发言，也就经常在会议中很难被认可。

上一个方法是介绍人生的低谷期、高光期，关注其他个体成长里的为什么，看见彼此，让我们在过去的故事里开始紧密相连，接下来的两个方法则是让我们一起看见我们和企业的过去与未来，还有我们如何在相互理解的情况下通过最真诚的反馈让彼此的管理行为得到提升。

二、团队文化工作坊流程和关键点

第一，使用团队文化工作坊，将我们与企业的未来绑在一起。在团队文化工作坊中，我们还会一起看看我们和企业的过去与未来，看看我们所在企业的成长经历，看看企业的未来在哪儿，看看我们都曾为企业的发展做过什么，我们要怎样携手书写这个企业的未来。

使用这个方法时，我们会粘贴一张企业生命曲线图（图7-1），它的横轴代表企业的发展时间，纵轴代表企业发展的高度。

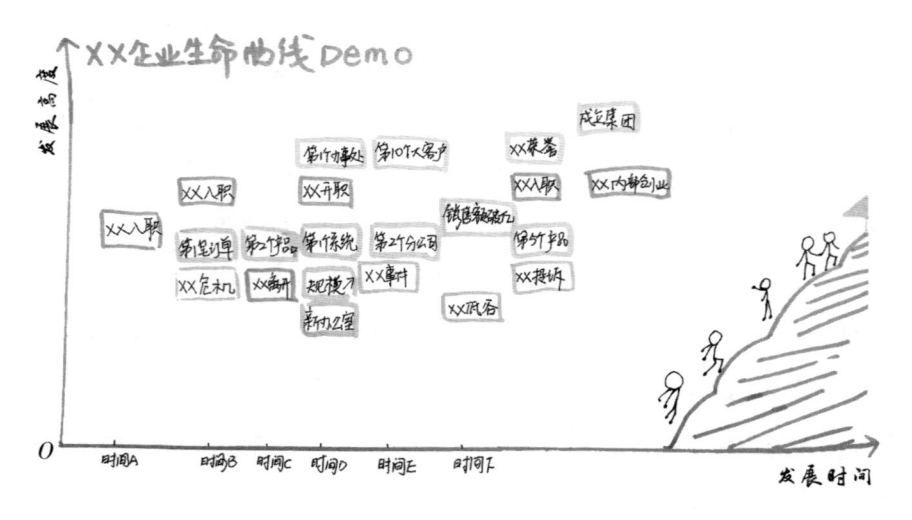

图 7-1　企业生命曲线图

起初图的底部就是一条长长的直线，起点是企业的出生时间，请创始人标出几个企业发展的关键时间节点，再用曲线将关键时间节点上方代表企业发展高度的点连起来，这条线就是这家企业的生命曲线，有高有低。

先请创始人介绍这些关键时间节点，也就是企业成长中的大事记。

团队成员一起看看这家企业发生过什么。在创始人介绍的过程中，团队的其他伙伴也可以在相同时间讲述自己在这段时间的经历。比如哪位伙伴是在哪一年进入公司的，都陪公司经历过什么，在公司哪些岗位任职过，和谁在哪件大事中因为共同的目标有过矛盾和委屈。

在创始人讲述各个关键时间节点时，和这个关键时间节点相关的人员就可以贴上便利贴，比如"××入职""××升职为××""××危机××负责什么"。这个过程也是相互了解彼此在企业中的经历的过程。这些关键时间节点讲完我们也就看到了每个人的过去，看到了企业的过去。于是探讨未来我们要做什么样的企业，为此我们要做什么样的改变就会变得容易得多。

案例四：

在一家企业有一位空降的职业经理人，过往履历非常优秀，其本人也非常能干，但在会议上对一些老高管一直颇有微词，觉得这群老高管仗着自己来公司的时间长就得过且过，管理行为完全不职业化。而他职业化的表现正好是 CEO 一直非常喜欢且欣赏的，所以老高管团队也很难受，觉得他们陪老板历经风风雨雨，现在老板听别人的，不认可他们了。于是每次在有这位空降高管参加的会议上他们就不太发言，现场氛围以沉默为主。很多重要会议也很难充分讨论，基本上就是各干各的，为此 CEO 总是找团队的人私下一对一开小会解决问题，于是会议越来越多，会议在管理工作中所占用的时间也大幅增多。

直到那天，当他在团队文化工作坊得知这些老高管们陪企业走过的这么多年的风风雨雨，一起经历过的企业的无数生死时刻时，他非常感动，带着哭腔说："突然发现不是他们不够职业化，是自己不够理解他们，他们在经历这么多困难以后，考虑事情其实是更有这个企业的文化特点的，自己太狭隘了！"看到他眼角微微的泪光后，其他高管立刻上前抱了抱他，其中一个上周刚和他吵过架的高管也主动上前说："我们确实是没有你见得多，要跟你学习，有时候我们也放不下面子。"就这样，大家的心结打开了。当天晚上，老高管们还主动邀请他和 CEO 一起喝酒。

看到企业的成长经历后，我们再来一起看看企业的未来，内心会更加坚定未来我们要在一起做成一些事儿。最后，当创始人描绘未来的蓝图时，内心连接更紧密的我们无疑是感到被召唤的，这也就为未来彼此的交流协作点亮了一盏共同的"灯塔"。

自那以后，会议上他总是会更多地去试着理解别人行为背后的原因，因为相互理解，所以彼此更信任，彼此的心更近，会议质量也就更高，也更容易达成共识。

第二，彼此真诚地一对一反馈。这个环节我们一般会和前面的团队文化工作坊连在一起做，效果更好。前面的环节其实是为了更多地打开自己的开放区，增进对彼此的了解和信任。在这个环节我们会化信任为行动。彼此真诚地给一些反馈，说出期待对方在将来的协作中哪些行为变得更好。当然，它也可以单独使用，作为平时凝聚团队、持续改变团队工作行为的好方法。

在此声明，这不是简单的民主生活会。在这个环节里，我们会要求团队的人围坐成一个圆圈，如果有蒲团之类的直接坐在地上更好，中间不要放桌子，放一些鲜花增加温馨氛围，准备纸笔之类的以供大家随时取用和记录。然后大家对其他参会人员进行正向反馈与期待性反馈。

正向反馈是指告诉对方在什么情景下他的什么行为帮助到了我，我非常感谢，而不是简单地对他说"谢谢你，我很感谢有你和我并肩作战"类似的无场景感的话语。这样的反馈就如一杯白开水，寡淡无味，没有真实的力量。

我会倡导大家使用"真实情境+感谢"的简单公式。比如在一家电商公司有这样一次真实有力量的正向反馈："上次我们部门因为有一批货找不到了，想和仓库那边协商调相关数据。但是公司系统在处理故障查不了数据，而如果两天内找不到货，就会错过订单的最佳发货周期，造成店铺评分下降，从而影响店铺流量。当时我们真的很急，后来我们去找王总，王总就跟我说别急，他们会加班处理系统故障，结果那天他们团队加班了通宵，第二天早上就处理好了故障，然后通过系统查到了那批货，我们才得以正常发货。当时王总跟我说可以了的时候我整个人都要哭了，王总的这件事我一直记得，但我没有主动地很正式地跟王总的团队表达过感谢，在这里说一声谢谢。"

再比如在一家环保公司，他们的董事长对其中一位联合创始人说："上次我对你发脾气，其实是我心里没底，谢谢你理解我，没有正面和我吵架。有时候我真的压力太大了，然后那会儿我觉得没有人理解我，连你也没有好的建议，但其实是我不对。在这里谢谢所有平时面对我发脾气还包容我的伙伴们，你们都很好。"

在这样真实的情境下对其他人的行为表示感谢才是有力量的，这样可以反馈给团队的伙伴，告诉他们哪些行为是好的。在获得认可以后，我们可以让团队所有人看到这样的行为是我们鼓励的，我们期待这样的行为可以保持。在正向反馈中运用这个"真实情境+感谢"的简单公式，可以帮助我们大胆地对对方说出谢意。就连亲人、爱人、闺蜜之间都需要表达谢意，更何况我们这些不算那么了解但天天在一起为同一个目标而奋斗的伙伴呢？

如果说正向反馈是给予对方感恩、肯定，固化好的工作行为，那期待性反馈就是给予对方未来做得更好的行为建议，注入谱写企业新未来的力量。

期待性反馈也有一个简单公式"真实情境+感受+待提升行为"。比如上次我们团队十一月份特别忙，我们为了保障客户满意度，提前做了一个模型，计算了大概需要的员工数。后来我就在保障大会上跟各部门商量轮流抽调人手支援。到李总这边商量的时候，那天李总刚好有事不在，我太急了，我就想着先抽调两个人，等李总回来再当面解释。结果李总回来后直接找到我办公室，当时我部门的同事还在，李总就很生气地直接说："你凭什么这么做，你以为你是谁！"我当时非常委屈，虽然后来李总也和我解释过，但我想如果下次有什么想法或者在李总生气之前，我和李总都先搞清彼此的事实情况，再对事来交流可能会比较好。特别是当着我部门同事的面这样说话，也很影响我们团队的状态。

在这个故事中，没有提前打招呼就直接抽调对方团队的人确实是大忌。作为期待性反馈，我们现场是不允许对这个期待性反馈进行延展交流的，回复"谢谢，收到"就好，不然又会陷入一场漫长的辩解会。这里有待提升的行为就是希望李总因为某些想法对人发脾气的时候，可以先和对方交流，了解事实状况，特别是管理者之间交流，要尽量避开下属。如果李总开始现场和他理论，就会陷入单件事情的争执中，很难再回到团队的场域中。

案例五：

小雨是华总的助理，华总给小雨的反馈如下："小雨，有一天你跑过来跟我说 14：00 跟产品那边的会临时取消了。这时候我问为什么取消，你说不知道，对方没说。然后我又问改到什么时候，你也说不知道，对方没说。那时候我是很生气的，我就觉得怎么这么基础的事情还要我来提醒你，后来我想了想就跟你说告诉对方我哪些时间有会，再约会议的时候注意避开这些时间。所以，小雨我希望你以后汇报工作的时候，能想得周全一些，不要我问一个问题做一步工作，这样效率太低了。"

在这个案例中，我们对小雨的期待性反馈是希望做事思虑更周全。大家想想，如果华总的反馈止步于"我希望你以后更细心"，小雨会有什么感受呢？只会觉得是领导常规性地交代了一句，没有场景、没有画面，不能带来情绪上的变化，意图上的理解，也不能得到对方听完后心理上的变化与承诺。

当然，不论是正向反馈还是期待性反馈，我都建议对方只需要回一句："收到，谢谢！"而不是各种辩解，不然一来一往彼此又陷入了具体事情的争执中。我们的目标是通过对真实事情的反馈，凝聚彼此，持续优化管理行为。

高频开会的人，如果常常有这样一些正向反馈和期待性反馈，每个人都会给他人真实有力量的反馈，我们一定能在这些真实的场景中，找到更好的未来，也能通过真实的力量推动企业更好地前行。当然，反过来说，如果一个团队可以经常一起面对这些说真话—反馈—改正行为，那么这个团队的信任度和成熟度必定会超过绝大多数企业，能成事的概率也会高很多。

在持续凝聚团队的这个部分，我们讲到很多人都在努力缩小自己的开放区，以此获得安全感，反而导致大家都沉浸在个人的模式中，无法真正和团队开放协作。我们希望大家能够适当扩大自己的开放区。在这里对需要高频开会的团队提出 4 条建议：①一起吃饭碰杯；②关注别人成长里的为什么；③一起看看我们和企业的过去与未来；④彼此真诚地一对一反馈。希望所有的团队都能持续这样做，培养真正牢不可破的团队，特别是核心高管团队。如图 7-2、图 7-3 所示。

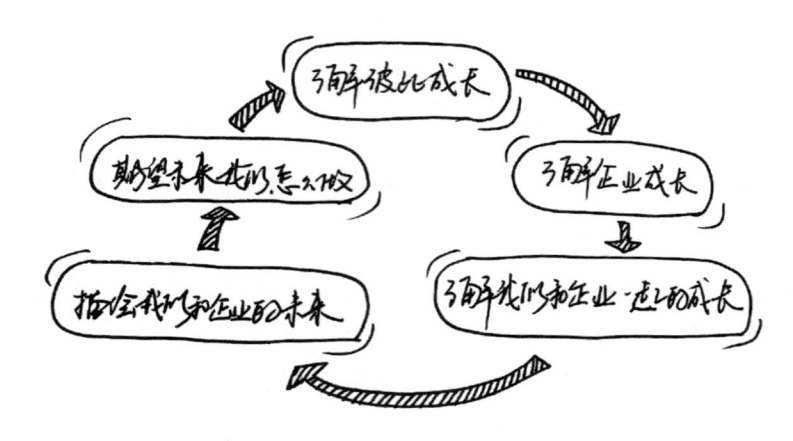

图 7-2　对需要经常高频开会的团队的 4 条建议

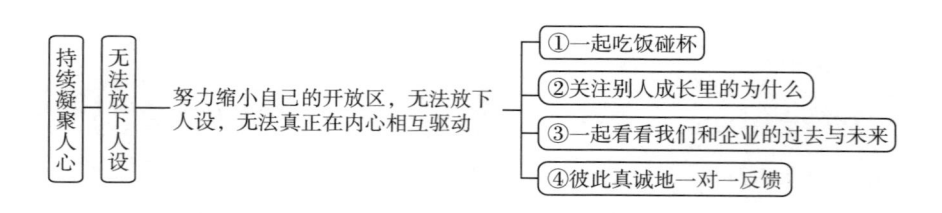

图 7-3　持续凝聚人心

练习二十： 关于无法放下人设的行为改变

行为改变的具体事项如表 7-2 所示。

表 7-2 关于无法放下人设的行为改变

持续凝聚人心	无法放下人设之努力缩小自己的开放区	本内容中我们存在的问题	目前阶段是否需要改变	具体改变行为描述	开始执行时间

参会者签名：

日期：

练习二十一： 关于持续凝聚人心的个人行为改变

行为改变的具体事项如表 7-3 所示。

表 7-3 关于持续凝聚人心的个人行为改变

序号	问题类别	优化方向	改变行为（同前 1 个练习）	排序
1	无法放下人设之努力缩小自己的开放区	①一起吃饭碰杯		
2		②关注别人成长里的为什么		
3		③一起看看我们和企业的过去与未来		
4		④彼此真诚地一对一反馈		

CHAPTER 8 第八章

战略目标共识会

在会议决策的关键1——获取足够全面的信息中我们讲到，要保证关键人员能够准时参会，规律性会议可以提前预约时间。特别是CEO与核心高管团队要参加的会议，最好是在上一年年末就确定好下一年全年的关键会议的时间。比如每个月几号是月度经营分析会，每个月几号是战略对焦会，每季度或者半年的人才盘点会是什么时候，半年度总结、年度总结是什么时候，全年目标梳理的几次会议分别在什么时候，全年预算编制什么时候开始，形成一张企业自己的年度关键会议图。这样上一年度末就规划好下一年的管理节奏，再在过程中抓好关键会议，可以取到好的经营结果，并在过程中不断提升管理者的经营思维与组织管理水平。

企业家与核心高管团队每年要提前预约日程并准时按期参加的关键会议示例如表8-1所示，其中部分会议参考了美的的会议运营体系和阿里巴巴的年度关键会议体系。数字1～12代表月份，每个月份下面的4个格子代表每个月的4周，有颜色的格子代表计划会议在这个月份的这一周开。比如年度一级部门目标质询会，一般建议开2次，分别在10月的第1周和第3周，各一级部门目标和公司级目标上下对齐，各一级部门之间左右也要相互对齐以确保左右加在一起大于或等于公司级目标，才能确定各部门的年度目标。

在长期辅导企业的过程中，我发现如果一定要选3个对企业来说最关键的会，那一定是企业的战略目标共识会、年度一级部门目标质询会和月度经营分析会。因为这三个会不仅是企业此后3～5年的战略和年度经营的起点，而且这些会议所设立目标的质量代表了企业发展的意图，会影响企业发展的速度、核心竞争力、关键战役和规避风险的能力，并且高质量的讨论和产出，能帮助各部门在目标协同的层面上，打破部门墙，力出一孔。

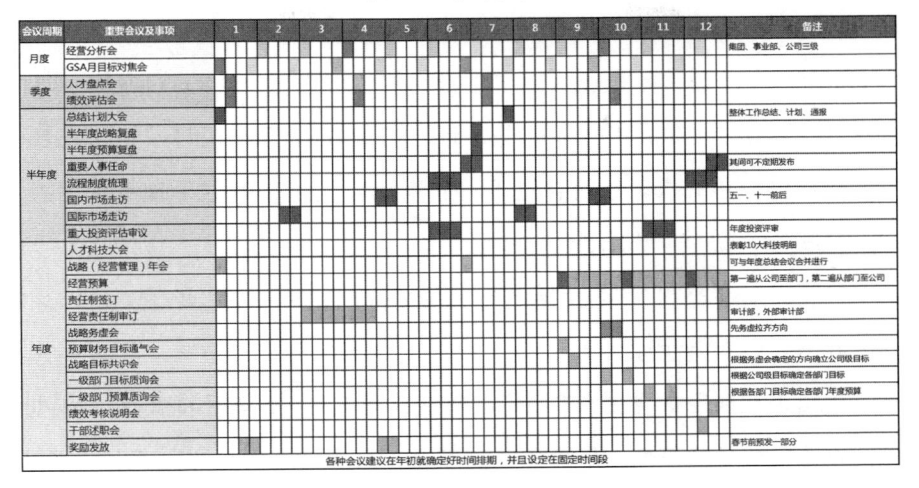

表 8-1 关键会议

会议周期	重要会议及事项	1	2	3	4	5	6	7	8	9	10	11	12	备注
月度	经营分析会													集团、事业部、公司三级
	GSA月目标对焦会													
季度	人才盘点会													
	绩效评估会													
半年度	总结计划大会													整体工作总结、计划、通报
	半年度战略复盘													
	半年度预算复盘													
	重要人事任命													其间可不定期发布
	流程制度梳理													
	国内市场走访													五一、十一前后
	国际市场走访													
	重大投资评估审议													年度投资评审
年度	人才科技大会													表彰10大科技明细
	战略（经营管理）年会													可与年度总结会合并进行
	经营预算													第一遍从公司至部门，第二遍从部门至公司
	责任状签订													
	经营责任制审订													审计部、外部审计部
	战略务虚会													先务虚拉大方向
	预算财务目标通气会													根据务虚会确定的方向确立公司级目标
	战略目标共识会													根据公司级目标确定各部门目标
	一级部门目标质询会													根据各部门目标确定各部门年度预算
	一级部门预算质询会													
	绩效考核说明会													
	干部述职会													
	奖励发放													春节前颁发一部分

各种会议建议在年初就确定好时间排期，并且设定在固定时间段

战略目标共识会，是指企业的 CEO 与核心高管团队共同认识 3～5 年企业战略目标的会议，这里数量上可能不仅仅有 1 次，有可能需要 2～3 次，它最终产出的是企业的战略目标体系或者关键的北极星指标，是自上而下与自下而上不断对齐的过程。

年度一级部门目标质询会，是指 CEO 与核心高管讨论各一级部门年度的绩效目标设定的会，在这个会上大家要敢于相互询问、质疑和讨论。这个各一级部门的年度绩效目标并非战略拆解而来，为什么呢？在我们的方法里，脱离了传统的从战略拆解出 KPI 这件事。因为我们认为战略是假设，是未来 3 年如何活好，而 KPI 是明年要活下来，目前公司运营有哪些重要的事要继续做。在这个年度一级部门目标质询会里，我们既要大家根据设定的年度经营目标各自拆解出部门的目标，也要求部门的目标之间要相互拉通支持，最后确保所有部门的目标加在一起一定是大于或等于整个公司的年度经营目标。

按月度目标的完成度划分红、黄、绿灯，绿灯是指目标的完成进度正常，暂时没有风险。黄灯是指目标的完成进度比预设的慢，但大概率还有机会赶上。红灯是指目标完成进度严重滞后，如果再不纠偏就没有完成的可能性了。通常各企业可以根据自己的情况设定一个进度阈值比如正常进度的百分之多少，当实际进度低于这个阈值时，就是黄灯或红灯。

这样说，也许大家还是会觉得听起来比较笼统，有些不理解和困惑，接下来我给大家一一讲清楚。

为什么有战略目标共识会、年度一级部门目标质询会？战略目标和年度经营目标有何关系？

战略是从未来看现在，即我们看行业终局与 3～5 年后的样子，决定现在就要着手布局的事情，是聚焦，是取舍，是决定不做什么。 为什么是不做什么？是因为很多时候我们更容易看到很多机会，因此这个也想做那个也想做，目标很难聚焦，所以在战略中至少应该辨析清楚不做什么。

战略目标不能过多，《高效能人士的执行4原则》这本书中写到，通过追踪研究发现，如果一个企业每年要做的事情超过3件，大概率很难出色地百分百完成。所以，落到每年的战略工作上最好是聚焦1～3 场最具有杠杆意义的战役，因为需要衡量这些战役能否打赢，所以最好是既有定性目标又有定量目标，如图 8-1 所示。

日常事务之外的战略目标数量	2～3	4～10	11～20
日常事务之外的战略目标数量	2～3	1～2	0

图 8-1　战略目标不能过多

（图片源数据来源于［美］克里斯·麦克切斯尼、肖恩·柯维、吉姆·霍琳，《高效能人士的执行4原则》）

年度经营目标是什么？用通俗的话说："**战略目标用来保证我们未来3年活得好，而年度经营目标则用来保证我们今年活下去。**"要知道企业在日常运营过程中，单靠战略目标这样的远方是不行的，我们还有当下的困难。因此，除了战略目标我们还必须持续优化日常运营工作，确保我们的业务在这一年还能扎扎实实地进行，有这一年的现金流、人才及运营能力，并且一年一年持续不断地优化运转下去，扎实我们的组织能力。

为什么我们不把两种目标放在一起开会讨论呢？确实，开年度经营分析会和战略讨论会的人群差不多，并且在绝大多数的方法论中，年度经营目标其实就是从战略目标拆解而来的。但我们过去的经验一直主张将战略目标与经营目标拆解开来。

因为拆解两种目标所需要的能力是不同的，战略目标需要的更多是对未来的洞察力，更需要把不确定性化为确定性目标的能力。而经营目标更需要的是对业务的洞察力，是将确定性的目标找到后拆解关键成功因素并不断提升效率的能力。战略目标和经营目标本身性质不同，用经营目标承接战略目标，其实是非常难的，它们是两个方向的东西。而且大多数的战略目标需要我们洞察生态、行业、业务、新的技术领域，用未来的眼光看现在，大概率是新的东西，是探索性的东西，是假设性的未来。如果直接用带有确定性的经营目标承接战略目标很有可能会有局限性，落地的时候用确定性的东西怎么去造出假设性的未来呢？

所以，我们应将两种目标用两种不同的工具拆解，目标最终负责人的能力要求也不一样。但二者也有相同之处，即要求核心高管牵头目标的执行，并且担责。因为不论是哪一类目标，最终都要牵涉资源的调动与协作。

另外，如果将两种目标混为一谈，在一个会议中讨论，那么几乎所有会议都在讨论当下的事情，将永远没有机会讨论未来的事情。当下的事情与目标对于人们而言永远是最紧急的，也是人们最关注的，对于远处的事情我们永远觉得还有时间，不急，慢慢来。一旦没有完整的时间讨论战略，一直只是处于紧张的状态谈目前的经营，对未来又怎么会有想象空间呢？另外，年度经营目标可以在公司的会议室里讨论，贴近现状与业务。战略目标这种侧重于看未来的目标，可以离开充满紧张氛围的会议室，去一个相对舒适放松的环境进行讨论，团队成员的身心会更放松，会议的效果也会更好。

至此，我们简单介绍了三个重要的会，以及为什么有战略目标共识会、年度一级部门目标质询会，并且介绍了战略目标和年度经营目标的不同之处。接下来将详细介绍这三个会议的关键点和关键流程，以及怎样开好这些会。

一、战略务虚会

在讲战略目标共识会以前，我想先请大家看看是否遇到过以下几种情况：

①战略都是 CEO 开会同步方向，没有具体书面说明；

②战略就是 CEO 和几个核心高管商量一下大概的方向，从没有文字表述；

③战略就是从上至下传达的定性描述，很少定量；

④战略就是大家觉得都知道，真的往下问两层，人人说的不一样；

⑤战略是高层要想的，和我们没有关系；

⑥战略总是在变化，总是不清晰，所以我们也不关心了；

⑦战略就是每年年初轰轰烈烈，年尾没有回看，不知去向。

那么，战略目标共识会应该怎么开呢？

根据时间倒推，每年 1 月 1 日就开始根据新一年的战略目标开干了，因此上一年 12 月之前必须把各部门的战略目标、年度经营目标及相匹配的战略预算、经营预算都确定完成，因为预算是根据目标定的，做预算需要 1~2 个月，所以最好在上一年 10 月份就开始做战略目标共识了。

在开战略目标共识会之前，有两项工作需要完成。第一，从 6 月份开始 CEO 与核心高管团队就要去看国内、国外的市场：看竞争对手、看客户、看渠道、看行业、看生态，洞察新的战略机会点与可能的风险点。不得不说明的是，像美的、阿里巴巴这样的管理要求高、组织能力强的企业，在 6 月份之前会紧盯今年的目标，通过分析、纠偏、再落地大的 PDCA 循环，大概率在上半年就可以确定下半年只要正常走下去就可以完成今年的目标了。一般进入下半年，这些企业的 CEO 与核心高管团队就会开始走市场，贴近业务，洞察下一年的机会点与风险点。

第二，在完成市场走访以后，建议 CEO 与核心高管团队先在 9 月开一个战略务虚会，大家根据对市场、行业、科技、生态等未来的洞察与感悟进行交流启发，最好是能找到一个战略方向，可能有些模糊，但一定要有一些关键方向整理出来，可能在当下不能确定，但每年一个在固定的时间去开这样的会，大家一起去看、去交流，逐渐就会对未来越来越清晰。

战略务虚会最重要的两条原则：一是提供好的场域，让所有人畅所欲言，扩大我们的未知区，扩大我们的视野与格局；二是一定要从未来看现在。

为什么我要强调从未来看现在？举个简单的例子，你从山下抬头，只能看见这座山很高，想到的是我们要不断攀登这座山，很辛苦。你从山顶往下看，看到的是一整个世界，一整片生态，而不仅仅是我们主营业务这一座山峰，还有边上的草地、平原、动植物，对于未来的想象空间就会大很多。因此，战略务虚会应是从未来看现在，这样我们才能更好地找到新的战略机会与发展点。

案例一：

阿里巴巴最早开战略务虚会的时候讨论，未来十年到底是什么样的，会发生哪些变化，电子商务这个行业将来是什么样的格局，会演变成什么样。大家那时候都不知道，只是模模糊糊有些感觉，谁也说不清。但大家在国外看到了互联网的发展，看到了国内家庭电脑的普及，随着年复一年的科技发展和基础设施完善带来的社会变化，坚定了当时做 PC 端电子商务的发展方向。后来在 PC 端电子商务发展得不错时，4G 时代来临，智能手机不断普及，又果断大力发展移动端的电子商务 App，这些都是一年一年连续看的结果。当然，这里也有当年在美国市场看到相关的行业标杆公司的影响。

互联网是社会的基础设施，是科技发展的成果，看到社会变化与自己所在行业的联系是很重要的。4G 的发展、智能手机的发展也是社会基础设施的变化与自己所在行业的变化，一般这样的变化在初期是需要细心洞察才能发现的。如果我们只是停留于对自己行业的观察，而忽视整个生态、社会、科技甚至是生命健康领域的变化，那我们的战略就很难带我们跨过真正的产业周期。

案例二：

很多人都知道柯达公司，也知道柯达公司的破产原因，大家都认为柯达是因为没有跟上数码时代的发展所以破产了。事实上，第一台数码相机就是一名叫史蒂夫·萨森的柯达工程师发明的。但柯达的很多高管坚信数码时代不会那么快到来，担心新技术会颠覆其强大的胶卷产业，因此跟进不力，导致彻底与数码产业周期无缘，很快走向了衰败。而现在的数码相机似乎很快又要被高像素、可美颜、轻便的智能手机逐渐取代，只剩一些专业场合还在被持续使用，但市场份额却一直在被蚕食。另外，现在的一些 AI 技术正在发展数字写真和数字影片功能，只需要在相应的 App 里上传自己的正面照，就可以生成自己各种形象的经典写真和经典影片桥段，体验一把当明星的感觉。

从以上的案例中，我们对战略务虚会要从未来看现在的理解是不是更清楚了一些呢？

战略务虚会，最终还是建议产出几个战略方向，这时候无所谓定量与否，能定量最好，但战略方向一定要有，而且方向的提出人就像之前讲解的会议关键一样，一定要说明背后的意图与原因，和我们业务的逻辑联系，帮助大家理解才能达成共识。

二、战略目标共识会的流程与原则

有了这些准备以后，我们再开始接下来的战略目标共识会。一般这时候除了可以让各一级部门的负责人，还可以让主要业务的负责人带一两个对业务非常熟悉的得力干将，这是因为他们更了解我们的业务现状、我们的客户、我们的渠道。

在战略目标共识会中，我们一般会请参会人员提前认真阅读相关的市场洞察材料（来自战略务虚会），并且提前将自己对材料的理解与困惑写出来。

战略目标共识会的现场采取先分小组讨论，再在各小组之间达成共识的方式，有点类似梯子练习。现场最好不超过 30 人，分成 2～3 组。小组分组的时候可以参考这个建议：每组有男有女；每组有思维方式开放的，有思维方式保守的；每组有前端业务部门的也有中后台支持部门的；每组都有有表达欲的；等等。这里最重要的是切勿把业务部门的人全部分在同一组，支持部门的人全部分在同一组，尽量保持各个小组的多元化视角和思维方式，这样不仅可以保证各个小组在讨论的时候依然像一个小的企业，也可以让部门之间从战略层面就相互拉通，保证将来战略落地时的协同性。

现场讨论的时候还是遵循前面讲的会议纪要，手机静音放置，营造自由发言的氛围，多关注别人观点背后的原因与意图，遇到不清晰的地方要精准提问，及时交流。

现场过程的第一步：先请 CEO 解读会前准备的战略方向相关材料，也即解释战略务虚会上达成共识的战略方向。然后大家根据自己的理解和困惑进行互动，保证参会人员的理解与战略务虚会的结论信息能够对齐。 这个步骤的目标是让大家理解我们的战略方向是什么、不是什么、怎么来的、背后的逻辑与意图是什么，如果达到战略目标，我们会在未来什么样的生态中变成一个什么样的企业。这时候，可以讲讲我们走市场时的观察与发现，这些发现与行业生态或者本企业的业务有什么关联。

案例三：

我们是一家做智能灯控系统的企业，过往的业务主要是做各大城市地标建筑的外立面广告灯墙，后来我们决定做智能家居灯控系统，并且列出几个重点做别墅房产的企业名单，今年的目标就是要和他们建立合作关系。

CEO 说完战略方向后，接下来一定是先说最近走访的时候发现物联网的发展程度以及精装别墅的需求扩大，然后说到未来业务与现在业务的关联性与不同点，意味着企业将来有哪些变化。这时，就可以进入开放互动环节，邀请参会人员说出对这个战略方向的理解与困惑，保证方向同频。最后才是进行战略目标共识，一起探索业务变化的关键点和关键战场。

在一家跨境电商公司，CEO 在会议一开始就指出要做南美、非洲市场。于是，接下来各位高管就围绕如何打开这些新市场和关键衡量指标进行分析假设，甚至到了设定了关键衡量指标这一步。

这时，有一位核心高管问我们为什么要做这些市场。于是 CEO 就说他们的产品大多是通用型产品，而南美和非洲市场的竞争对手较少，发展空间比较大，先进入这些市场可以先得一份利。

由于这个背景意图的说明，现场没多久就发出了不同声音，并拿出了相应的数据，认为我们在已有的市场占有率并不高，仍然有一定发展空间，且如果深耕这些区域，可能会做出真正的"品牌"。希望我们先不要分散资源和人力对外扩张，反而应该先聚焦。于是 CEO 又现场拿出他的数据分析和市场洞察的材料与大家进行讨论，讨论回到起点。

所以，第一步非常重要，第一步不清晰后面一切共识分析都是起的反作用，届时要么必须回到这一步，要么就是现场假共识。

现场过程的第二步：请大家按照对应的方法论讨论战略目标，并选择最高质量的目标。不论我们选择什么方法论进行"化战略意图为目标"的环节，最终的目标一定是质量越高越好。这里有一个前提：**从我们 3～5 年的战略来看，3～5 年后企业的定位是什么**。这里的定位不是品牌定位，而是面向利益相关者，说清楚我们是谁，提供什么产品和什么服务。比如2B的智能灯控系统的专业解决方案服务商，说明我们做的主要是智能风控系统，是做2B，我们的产品是解决方案。比如国内素色设计瓷砖专业零售商，说明我们做的主要是素色设计瓷砖，市场在国内，直接面向消费者。有了准确的3～5年战略定位，后面在找战略目标的时候进行实时对齐，看看我们的战略目标是否真的和3～5年后的战略定位相匹配。

看看未来3～5年市场、客户、技术、生态等的变化，我们最核心的价值点会不会发生变化。

案例四：

一家做生活美容的企业主营业务是提供美甲、美睫、洗脸、护肤等服务。但越来越激烈的市场竞争和分散的市场使得整个市场的门槛变得越来越低，随便一个人都能进行商业的自闭环。这家企业未来3～5年要想继续活下去，就要深入思考真正的客户价值是什么。如果未来他们的服务是永远有最新设计的美甲款式与最时尚的产品，那么这意味着他们要有紧跟时尚潮流的能力；或者要给客户更便捷、更舒服的服务体验，将来要开拓上门服务的业务；又或者是客户关于美容护肤有别的核心需求在发生变化，他们要拓展新的服务？这一切都值得好好思考。

案例五：

一家做企业培训学习平台的2B公司，过往在行业迅速发展的时候一直将更高效、更节约成本、更数据化辅助业务作为客户价值。但在行业迅速发展的十年里这早已成为行业的通用价值，作为现在竞争更激烈的行业中的领头羊，应该思考在未来3～5年应该往哪儿发力，如何与战略意图勾连，客户真正的价值点究竟在何处。是提供更海量的内容，成为满足客户需求的一站式解决方案提供商，还是提供独家的内容，成为满足客户精准学习需求的深度服务商，或是提供更贴心的运营服务，解决企业内没有专人维护使用的强劲痛点？

有了战略方向后，在定战略目标之前，建议大家可以将3～5年后企业的战略定位及核心价值点想清楚，这样定出来的目标才更具有杠杆性，更精准有力量。

找战略目标一定要遵循三个原则：一是有明确的可衡量标准和时间节点；二是会议现场人人都能理解目标的定义及背后的意图；三是尽量寻找高质量的目标。

第一个原则：有明确的可衡量标准和时间节点。在现场我就碰到过无数人的质疑，他们告诉我不是所有的事情都可以量化。一些业务有特殊性，其战略任务也很特殊，无法衡量。但事实是所有的事情都可以衡量，只是暂时还没有想到衡量标准而已。

案例六：

你是否想过将客户的净推荐值作为产品口碑的衡量标准？你是否想过将客户一次性支付成功率作为对支付平台质量的衡量标准？你是否想过将库存周转天数作为对供应链管理水平的衡量标准？当然，在战略目标中常见的是项目制的目标，那么这里就可以考虑关键时间节点的达成率之类的指标。另外，除了可衡量还要有时间节点，具体到年月日，越清晰越好，这样在后续的追踪过程中才能知道进度是否在进程中，最怕的是出现上半年过去了还纹丝不动，下半年觉得太难了开始对目标讨价还价的情况。最后提醒一个小点，定指标的时候是考虑"率"类型的百分比指标还是绝对数值型的指标是个学问，毕竟有时候分子分母是可以变化的，如果到了年底这些率的指标还没有达成，但因为口径并不明确，难免有人在KPI驱动下进行一些暗箱操作，这是正常现象，所以定指标的时候，这些都要考虑清楚。

案例七：

早期支付宝是淘宝商家与C端用户之间的担保平台，后来作为担保与支付接口，成为第三方支付平台。但支付宝、微信、银联、易保都属于第三方支付平台，支付宝如何脱颖而出？首先支付宝背靠淘宝，确实大树底下好乘凉，有着不错的用户数等好看的数据。但那时候彭蕾心想，如果淘宝接入银联，支付宝还有人用吗？抛开外部条件，支付宝的优势究竟是什么？如何衡量用户体验、产品质量？后来总结下来就是"一次性支付成功率"。这个指标意味着支付宝有大量的工作要做，比如如何减少跳转的页面、如何快捷绑定银行卡、如何快速验证安全性、如何快捷支付等，并且这一切都要在安全的前提下完成，因为安全就是支付宝最初的担保功能存在的意义。面对当时各大支付平台复杂的绑卡、认证、安全口令等操作，也正是因为这个指标的突破，支付宝当时算是真的在支付平台中打出自己的一片天。

"一次性支付成功率"这个指标就成了衡量那时候支付宝产品质量的一项指标。所以，只要我们认真，下定决心，一定是可以找到战略方向背后的衡量标准的。

案例八：

一家在早期研发阶段的医药公司，一切都在孕育中，团队成员也多有学术背景，CEO面对专业词汇和技术确实不好全面深度管理。但有时候又面临做决策的风险，且核心高管团队各有各的看法和研究路线，谁也不认谁。CEO一直在想究竟怎样才可以降低自己决策的风险。后来他找到一个指标，就是"技术方案数据的完备率+技术方案的可商业化风险率"。把内部项目分为不同级别，不同级别的项目数据完备率要求不一样，不同级别的项目商业化风险也不一样，在前期投入阶段，一个决策可能开创好几年的黄金期。于是，要求不同方案必须宁愿前期多花时间用各种途径拿到相应的数据，也不能轻易选定技术路线，各项目也要根据可商业化的风险、投入产出比来做决策。后来内部达成共识，自己就放心了很多。

第二个原则：会议现场人人都能理解目标的定义及背后的意图。这个问题常常是被所有人忽视的，当我们为自己提出来的指标沾沾自喜时，常会忘记在前面的章节中讲的大家的"个人词典"不一样的情况。在财务、业务、人力之间的数据口径很有可能是不一样的，为了避免将来对目标达成率的追踪测算扯不清楚，我强烈建议在会议现场就将目标的口径描述清楚，特别是一些通用性的词语。

案例九：

我们常常将大客户数量作为指标，那么请问"大客户"到底是指哪些客户？是在行业内排名前十，由某某权威机构公布标准排名的企业，年采购总额达到多少的企业，年利润达到多少的企业，年复购次数达到多少的企业，平均客单价达到多少的企业？

再如，我们称某某业务达到行业前三，那这个"前三"是营收排名，利润排名，还是市场份额排名？是财务口径还是业务口径的排名？是不是某机构的年度排名？

又如，年度营收达到100亿元，这个100亿元是按已完全交付的计算还是预收款就可以算，毕竟这涉及今年的平均交付成本计算，明年的交付量计算甚至是明年年度目标匹配的预算下拨。这些不说清楚，就会为我们将来目标的完成度测算和下一年的目标设定留下很多障碍。

第三个原则：尽量寻找高质量的目标。高质量这个词看着明确，但很多人说不清楚究竟什么是高质量的目标。**高质量的目标通常有三个作用：第一，具备一定的引领性；第二，具备协同性；第三，具备激发人心的力量。**

什么是引领性？根据《高效能人士的执行4原则》，一般可以将指标分为滞后性指标和引领性指标。滞后性指标，通俗地说就是那些结果性的指标，只能判断结果是否达到目标，很难在过程中进行管理，等到结果出来的时候，只能被迫选择接受。而引领性指标则是通过对滞后性指标的关键要素进行过程管理，保证结果的推进在我们的计划之中。

案例十：

今年你们部门的目标是完成5000万元销售额，非常有挑战性。于是你第一时间想到的是增加人员数量，增加客户拜访量，让更多销售人员绷紧弦，时刻牢记目标，以员工数量和跑客户的时间赢得这次胜利。在这里，5000万元销售额是一个滞后性指标，拜访量是其中的一个关键因素，也是一个引领性指标，通过拜访量×转化率可以有效追踪结果性指标的达成进度。

但这时你手下的一个销售组长通过数据分析发现，老客户的回访在客户拜访量中占比达到80%，转化率其实特别低，似乎转化率才是销售量的关键。

于是你们决定一起寻找低转化率背后的关键，你们跟随一些销售人员拜访客户，默默观察。后来你们发现，很多人的拜访根本没有按标准流程来，甚至没有足够的时间，草草见个面聊两句就赶着去别处了。很多关键信息和优惠政策的介绍、关键转化动作的执行都没有做到位，有的甚至是直接跳过。

后来你追问他们为什么不按流程执行，大家纷纷反馈流程太多太长，很复杂，客户没有那么多时间和耐心来听。于是你们和大家坐下来一起讨论了流程中影响转化的最重要的3个关键动作，将5000万元销售额的引领性指标定为"单次拜访客户时3个关键转化动作的执行率不低于90%"。这个关键转化动作的执行率则是相对于转化率更进一步的引领性指标。

案例十一：

一家酒店想要提升拥有高毛利率的酒水的销售额，他们发现只要客户愿意试喝，再加上服务员的热情介绍，大多数人都愿意购买对应的酒水。于是他们定下的引领性指标是"增加客户的试喝次数"。一家医院想要减少病人的肺部感染率，引领性指标是"巡班护士对肺部重点指标的夜间核查次数"。一家航空公司想要在飞机数量不变的情况下提升营收，引领性指标是"两段航程中间快速将飞机恢复到可接待乘客状态的时间"，以此增加飞机在天空中可航行的时长，更高效地利用飞机资源。

什么是协同性？很多企业最头疼的问题之一莫过于部门墙，它让协同变得无比困难。有时候除了"屁股"视角，还有就是在目标上让大家无法真正协同。这就是战略目标共识会应该要求每个组都有前端业务人员和中后台支持人员的原因。现实情况是，大多数企业的中后台支持人员根本就不知道业务目标，更不知道业务目标是怎么来的，背后的意图是什么。遇到一个自己都不知道不了解的东西，为什么要配合完成呢？高质量的战略目标一定是需要相互协同完成的，不可能单独靠某个人、某个部门完成，否则就不可能成为战略目标。所以战略目标共识会的目的，就是要让大家协作起来。如果战略目标一个是新产品的研发，另一个是产品上新效率的提升，两个目标落地时一定会涉及双方立场的不同，也势必会产生争执和协同困难的情况。这时候在现场就要让双方的负责人沟通清楚，哪些环节是要提升的，哪些环节是一定要足够时间保证质量的，双方之间如何协同，以避免后面的争端。高质量的目标一定是可以牵引组织能力的积累的，这部分一定要中后台支持部门牵头，前端业务部门负责，协同完成。

目标背后的组织意图、组织能力的积累非常关键。完成相应的目标也就意味着将来我们可以持续打赢类似的仗，完成这样的目标。

具备激发人心的力量——这是对高质量目标的最高评价。在战略目标共识会现场如果我们能找到一个这样的目标，一定能鼓舞会议现场的所有人，增强大家的信心，让所有人一想到这个目标，就觉得我们在做一件很牛的事，每个人都充满奋斗的激情。如果一个目标能带来这样的信心就预示着目标已经完成了一半，因为相信就能看见！

案例十二：

NASA 在 1958 年有众多的目标，每一个看起来都非常关键，但民众始终搞不清楚 NASA 投入了那么多的人力、物力、财力究竟在干什么。1961 年，肯尼迪上台以后明确提出，NASA 的目标是：在 20 世纪 60 年代末，美国将把人类送上月球，并安全地返回（表 8-2）。这一目标不但瞬间让 NASA 在做的事情变得清晰了，而且激发了所有美国人的向往，无数科学家对这个目标趋之若鹜。终于在 1969 年 7 月 21 日，美国的"阿波罗 11 号"宇宙飞船载着三名宇航员成功登上月球。美国宇航员尼尔·阿姆斯特朗在踏上月球表面这一历史性时刻，说出了一句被后人奉为经典的话："这只是我一个人的一小步，但却是整个人类的一大步。"

表 8-2 NASA 的目标

1958 年 NASA 的目标	1961 年 NASA 的目标
• 拓展人类对大气层和太空的认识； • 研究高速、安全、有效的太空交通工具； • 发展并运作在太空中传送生物的运载工具； • 创造和平利用宇航和太空技术的机会； • 保持美国在宇航和太空技术领域的领导地位； • 推进政府、军方及民间的太空技术交流； • 协调美国与其他国家的技术交流； • 密切联系协调相关单位，避免重复投资	在 20 世纪 60 年代末，美国将把人类送上月球，并安全地返回 ——约翰·肯尼迪

现场过程的第三步：确定战略目标落地的负责人。正如我们前面介绍的，会议的决策如果后续没有事项负责人，落地的效果一定是大打折扣的，战略目标更是如此。

一般战略目标的负责人建议不要由 CEO 本人担任，可以选择相关性比较高或者足够有影响力的核心高管来担任，但 CEO 要保证对每年的这

1～3个关键战略目标都有足够的关注。如果是CEO来担任，大概率他负责哪个，哪个就能被完成，其他的则很难说。选择核心高管担任也要考虑目标和其能力方向是否匹配及其本人是否有意愿担任，其是否有足够多的职权调动相应的资源完成目标。另外，这也是提升高管视野与能力最好的机会，对于我们想要培养发展的高管也可以委派此任务给他。

如果战略目标的负责人需要跨部门协同或者某些伙伴协力完成，可以在现场申请成立项目小组，这会比将来私下找人找资源快很多。

组建完项目小组，回到团队中负责人也要与团队一起商量相应的策略与行动。过程中除了关注目标进度，反馈分析外，也要主动锻炼相应的组织能力。完成战略目标这件事背后必定也牵引着组织多种能力的形成，培养出对应的能力，战略目标才算是真正地完成。

为什么"确定战略目标负责人"这个常识性动作会成为关键的步骤呢？因为很多企业常常是CEO私下找某位高管，并指派下发战略目标，并不是被所有人知晓。这样不论是从动力责任还是从压力来说，都相对较弱，并且战略目标的负责人今后协调人力、物力、财力等资源也会受限。最好的选择就是在会议上确定，现场成立相关的战略项目小组，所有人都知晓并承诺大力支持，CEO也表示会持续关注。

现场过程的第四步：梳理文字描述，形成目标看板展示。最后不要忘记梳理定性定量描述战略目标的文字，并形成目标看板，最好张贴在全公司都能看到的地方或者在内部系统上公示，实时同步看板上的目标变化。让组织的所有人都看到战略目标的进度，这也有利于后面在进行战略目标跟进分析的时候，提供准确的数据支撑。而对于CEO来说，战略目标的共识只是开始，未来的持续关注，甚至是对假设的目标是否真的能推动战略意图的完成、组织的能力变化也要不断分析、验证，这些才是过程。不得不承认的是CEO的足够关注，无疑是战略探索前进中的一束耀眼光芒，鼓舞大家持续前行！现在，尝试将自己企业的年度关键目标填进表 8-3 吧！

表 8-3　年度关键目标

序号	定性目标	定量目标	口径说明	负责人	目标进度	目标打灯

CHAPTER 9
第九章

年度一级部门
目标质询会

什么是年度一级部门目标质询会？很多人表示没有听说过这个会，但可能只是因为在不同企业中叫法不同，每个企业或多或少做过类似的沟通。很多企业各一级部门的年度目标的确定方式，通常是 CEO 召开一个会，说说自己这一年的感触与想法，说说对明年的想法和财务目标，然后说说自己对各部门的期待，就让各部门自己回去定目标，定完目标交给 CEO 一看，对得七七八八，便让各部门自己回去改一改，敲定后统一交给 HR 录入绩效系统。

业务部门收到 CEO 财务目标数字后，分解到各下辖二级部门。最常见的就是这种情况：将某年 3 亿元的销售额，分解到 3 个销售小组，每个部门根据人员多少和资源多少，直接物理分解为 A 组 X 亿元、B 组 Y 亿元、C 组 Z 亿元，最后保证三个小组的销售额相加大于 3 亿元就行。然后 A、B、C 三个销售小组的负责人再将小组目标拆解到自己分管的各个销售人员，保证各销售人员的目标值加起来大于自己所管理的这个小组的销售目标值。分解完成后就去和 CEO 沟通大概的想法，并最终敲定。

至于中后台支持部门的目标，CEO 则是让他们自己想想有哪些重要的事项然后交上来，或者自己直接指派一些今年的关键项目事项给他们，外加几个核心关键人才的招聘目标。

好像到此为止，整个企业的年度经营目标就基本确定了，不管各部门目标对公司级目标的支撑性如何，也不管各部门目标之间有没有拉通，会不会造成部门墙，更不知道中后台支持部门的目标到底应该怎么定，只要保证各业务部门营收最后能拿到自己想要的那个数字就好。

这样的现象是不是很熟悉，并且我们认为这样做似乎没问题。但其实这样做有两个问题：第一，各部门不理解目标背后的意图，并且得到的还是滞后性的结果指标，各部门完成目标时也是机械性地拆解强压下去，对于新能力的锻炼和目标的推演很难有所领悟。第二，各部门目标之间不清晰也无法协同推进，无法形成真正的合力。此时，便需要召开年度一级部门目标质询会。

年度一级部门目标质询会的内容是在上年末把下一年的公司级年度经营目标拆解至各个一级部门，以保证各一级部门的目标箭头合力能支撑公司级年度经营目标，也同时保证各部门目标之间的协作支撑性。

一般而言，经营目标可以分为四个维度：财务维度、客户维度、运营维度、员工成长维度。平衡计分卡应包含这四个维度。使用平衡计分卡的目的是制定年度经营目标的时候，不要只记得财务维度，而忘记了一年一年不断提升、优化的那些过程指标，不断提高组织能力。财务维度最常见，像年度营收额、年度利润额、现金流、销售额等都是财务维度的目标。要完成财务维度的目标，就需要业务的支持，业务自然离不开客户、运营与员工，所以这些维度的目标相比财务维度的目标是更下沉一层的目标。客户维度常见的目标有大客户数量、大客户占比、签约客户数、会员总数、大客户销售额、会员复购率等。运营维度常见的目标有连带率、现金年度周转次数、新品成功率、库存周转天数、项目中标率等。员工成长维度常见的目标有管理岗位员工离职率、关键岗位员工招聘数、关键员工满编率、关键序列培训满意度、人力成本占比、员工满意度等。通过客户维度、运营维度、员工成长维度的目标完成，提升员工的能力，进而提升组织的能力。

在这里要补充说明的是，平衡计分卡是很多企业制定战略的工具。至于找年度经营目标，使用什么方法都可以，在这里我重点给大家介绍年度一级部门目标质询会究竟如何开，关键是什么。

年度一级部门目标质询会召开前，首先需要准备好有明确文字描述的公司级年度经营目标。邀请的参会人员一定是各一级部门负责人，顶多再找 1～2 个人做会议记录和会议支持。会议主持人最好是 CEO 自己，或者第三方引导师，因为这样的角色进行引导的时候往往会更有力量，而不是被大家来回和稀泥、敷衍滑过。

现场过程的第一步：请 CEO 给现场所有人清晰地介绍年度经营目标。特别是具体每个目标的描述与口径解释、背后的意图，确保大家在 What 和 Why 层面足够清晰。在这一步一定要做到所有人有任何不确定或者困惑都要立马提出，保证在 What 层面对齐。之前很多 CEO 总是私下跟我们说这一步没有必要，他觉得大家都非常清楚年度经营目标。而事实是，现场让所有人背对背写下自己理解的年度经营目标与背后的意图，结果往往会出乎 CEO 的意料，最常见的是没有几个人能真的写出全公司的年度经营目标。大部分人只能写出主要部门和自己部门的目标，还写不全，至于口径解释和背后的意图更是无从谈起。建议各部门负责人可以尝试在此刻拿出笔写下你心中的公司级年度经营目标或者你负责的部门的年度目标，也可以尝试让你的团队成员背靠背写一写，检测一下他们对目标的了解程度。

这一步，很多 CEO 讲解目标的时候没有逻辑，延伸出很多内容，且不聚焦，常常像和尚念经喋喋不休，如果讲到某个雷点可能还要现场把某个高管批一顿。建议最好还是提前准备两三页 PPT，第一页是去年的年度经营目标数据及分析，第二页是今年的挑战与思考，第三页是今年的年度经营目标定义及描述。用几页的类似 PPT 来引导自己的思路会好很多。如果有专门的会议引导者，遇到 CEO 长篇大论的情况也要及时打断做好提醒。

现场过程的第二步：请一级部门负责人汇报自己拆解后的目标，陈述目标所属维度、指标口径、考核占比和支撑到公司级的哪个年度经营目标。一般我们会给各一级部门负责人提供表 9-1 所示的表格，并让他们在会前填写后交上来。陈述过程中请部门负责人一定要陈述部门目标与公司级目标的承接关系，为什么我们部门选择这个指标，这个指标的口径是怎样的。自己认为这个目标在自己的年度考核中占比是多少，为什么。最后介绍完自己的目标，也可以跟其他会议参与人介绍自己完成目标的过程中遇到的困难，需要帮助的事项。从目标设定的源头就开始协同，这要比在工作过程中再去寻求帮助顺畅高效得多。

表 9-1 拆解后的目标

目标维度	目标描述	指标口径	考核占比	所支撑的公司级目标
财务				
客户				
运营				
员工成长				

在这里我要强调的是，各一级部门拆解的目标不是指销售额那种对数据的拆解，而是根据公司级目标，进行关键因素承接的拆解。比如一家连锁经营企业有一个目标是年度销售额，已知销售额＝单店平均销售额×单店数量。单店销售额又和"进店人数""客单价""转化率""连带率"息息相关。这时候各一级部门的目标应该是承接这些指标的。比如运营部、市场部的目标一定是需要支撑和进店人数相关的关键因素，销售部的一定是需要支撑和客单价、转化率相关的关键因素。培训部的也应该是支撑和转化率相关的关键因素。

因此，在这一步，各部门诠释目标的时候一定要把对应支撑哪个公司级目标以及背后的逻辑、指标口径描述清楚。

现场过程的第三步：其他一级部门负责人针对汇报部门的年度目标**进行提问**。提问方向可以是与公司级目标的承接关系，有没有更好的目标定性描述，可以是关于目标的定量描述，可以是对指标口径定义的确认，最重要的是，自己部门的年度目标有没有需要这个部门协助的事项，觉得可以考虑纳入汇报部门目标之列的。如果自己部门有需要协同的事项并且认为非常重要，也应是他们部门的年度目标，可以在现场提出，大家共同讨论，用目标提前打破下一年工作中可能的部门墙。

比如销售部门在做到×亿元的过程中，有一个客户类指标是开发多少新的大客户，可能需要市场部协助办多场活动，这件事就可以在这个环节进行讨论。讨论的内容包括具体需要什么帮助，是否要上升到某个一级部门目标的层次，如果需要就要讨论清楚目标的描述、定量和口径，避免后期不清不楚，难以协调。比如在进店客户转化率这里，销售部可以和人力资源部提出是否可以加强对新员工的培训，使其了解产品的FABE（特点、功效、利益、证据），如果考核不合格则不能转正，也不能纳入人力资源部当年招聘员工数量的统计。

这里列举了在这个步骤大家可以相互提的一些问题：

①为什么这个目标承接的是公司级的××目标？

②为什么定量定的是这个数字？

③公司级的××目标，你这边有没有能有所承接的？

④这个指标中的"××"的定义有点不太明晰，能再明确下吗？

⑤我记得去年也有这个目标，当时的量级和现在的相比……

⑥为什么这个指标的考核占比是5%？

⑦其实我们部门今年也有一个很重要的××目标是支撑公司级××目标

的，可能需要两个部门相互协同，你们部门这边是否需要增加一个类似的目标？

通过对前面两个步骤的充分讨论，我们基本可以保证各一级部门年度目标对公司级经营目标的支撑性，也可以在目标层面拉通各部门的协作，避免从根源上造成的部门墙问题。

现场过程的第四步：主持人提问并请 CEO 或咨询顾问做目标的最后确认。在做最后确认前，主持人先进行补充提问，提问主要有两个方向：一是观察到现场谁欲言又止就鼓励他发言，二是针对自己的洞察补充提问。因为在前面说过这样的会议其实是需要 CEO 或者第三方顾问来主持的，作为参会人员之一，也许有重要的话题抛出和需要解答的疑惑。比如发现从职责上来说隶属于某部门的目标没有出现，又比如某些部门目标可能需要其他部门协同，但却没有提出协同需求。在这个步骤主持人可以抛出疑问请双方部门确认是否需要协作，如何协作。因为虽然前面一直在提跨部门协作目标，却有很多人在现场碍于各种情况一直沉默，所以在最后确认前一定要保证所有相关的人都可以主动提出。

另外，在一级部门目标质询会的现场，一旦提出相应的协作关系，经常会暴露出一些部门之间长期协作中存在的问题，如果时间允许，建议现场可以直接协商并邀请 CEO 做出决策。如果问题比较大，那就建议组织一个专项会议再讨论，现场直接明确日程和后续推进对接事项，至少明确第一次沟通会议的日程。

在这些提问环节都结束后，请 CEO 或者第三方顾问做最后确认，汇报部门的年度目标是否可行，有无疑惑和风险点补充。

现场过程的后三步是循环的，每个人汇报一次自己部门的目标，被其他部门负责人提问一次，CEO 最后确认一次。建议所有的汇报顺序最好是先前台业务部门再中后台支持部门，中后台支持部门的汇报顺序最好是先人力资源部门，再行政部门，最后财务部门，因为只有在中后台支持部门了解完前台业务部门的目标后，才能更好地制定部门目标协作前台业务部门，尤其是人力资源部门对各前台业务部门的支撑非常重要，比如关键人员的到岗率、关键人员的流失率等，看完其他部门的目标就可以清楚地知道哪些是下一年公司的关键岗位。财务部门在最后是因为它掌握着整个公司的财务状况，可以看到所有部门的数字目标，也可以对整个公司下一年的整体财务情况有个大概的测算，对于各部门目标相应需要的财力支持节奏也有清楚的了解，后面再做预算编制工作也会相对清晰很多。

很多企业都会把这个会分两次完成，第一次是前台业务部门的目标汇报质询，第二次是中后台支持部门的目标汇报质询。保证前中后台有一定的时间相互了解，然后更好地从目标层面协同。但两次目标质询会不宜间隔过久，争取在同一周完成。开中后台支持部门的目标质询会时，前台业务部门的负责人也应参与做提问质询的工作。

会后各一级部门针对现场讨论的情况重新定稿，提交人力资源部门统一录入系统存档，成为各部门年度绩效的考核资料。这也是在月度经营分析会上，各部门月度目标红、黄、绿灯的重要依据。在这里要注意的是，目标录入的时候一定要包含目标口径说明，避免在后续追踪的时候出现扯皮的情况。

一级部门的目标质询会，是很多企业新一年工作的重要起点，如果这个会开不好，这一年很有可能要么目标不够清晰，要么跨部门协作阻力很大最后敷衍了事，总之会有各种问题。所以要开好一级部门目标质询会，并且从中逐渐培养团队定目标的系统性意识与思维。好的一级部门目标质询会等同于一次好的团建，相比那些谈心、谈生活的休闲活动，一次畅快淋漓的目标质询会，无疑更能让人充满信心，振奋团队。特别是在团队业绩低迷的时候，更需要这样的会议来给人信心与冲劲。

CHAPTER **10**

第 十 章

月度经营分析会

经营分析会的重要性大家都知道，它是企业围绕经营目标，通过收集相关数据、资料，按一定科学方法进行分析，不断总结经验，找出差距，制定措施，为经营提供决策，促进企业管理能力不断提升的一种会议形式。

经营分析会的最终目的是将目标变成结果。经营分析会一般有月度、季度、半年度、年度几种类型。每种类型经营分析会的讨论内容的范围略有区别，年度经营分析会重点分析宏观环境，以及上下游行业变化，然后根据企业过往几年的经营状况，制定年度经营目标。半年度和季度经营分析会更多的是跟进目标的达成进度，及时分析根因，制定纠偏措施和相应的机制，同时进行包括行业标杆、竞争对手的动态等偏中观维度的分析。而月度经营分析会侧重于目标进度的达成、分析与策略、行动计划的跟进和效果确认，以微观层面的分析为主。

我们常常说如果只有年度经营分析会，那么到了年终回顾时发现的任何问题与纠偏良策在本年度也无力回天了。如果是只有半年度经营分析会，那么一年只有一次找根因和纠偏的机会，一旦找错根因，纠偏的措施不够准确有效也难以达成目标。如果召开季度经营分析会，一年就有3次纠偏调整的机会，并且有一定的连续性分析和同比、环比分析，为下一阶段的工作调整增加一些科学数据。如果召开月度经营分析会，一年则有11次找根因和纠偏的机会，并且拥有11次锻炼团队深度分析、提升经营思维的机会。因此，月度经营分析会作为频率最高、周期最短的经营分析会，对企业的重要性不言而喻，故月度经营分析会是每家企业在经营上最重要的会议，掌握好每一次月度经营分析会，也就基本上掌握了企业全年的经营节奏，能很好地保证对目标的完成进度的跟踪与方向纠偏。

月度经营分析会阶段性地体现了公司和各部门的工作成果、具体问题，也是训练核心高管团队经营管理能力的真正"案例教学"。因此，在这个会议上对每位核心高管要做的准备工作的要求则比之前一级部门目标质询会的工作要求更高，月度经营分析会也是更需要分析与思考能力的会议。

在每一次召开月度经营分析会之前，每位核心高管都需要准备的内容主要包含上月经营成果与分析和下月行动计划两部分。其中，上月的经营成果与分析一般分为 4 项内容：①上上月制订的行动计划在上月的落实情况；②上月目标完成进度与红黄绿灯描述；③看与目标的差距，找原因；④制定纠偏措施或流程机制。

案例一：

销售 A 部上个月的必达目标是 1500 万元，挑战目标是 1750 万元，梦想目标是 2000 万元，汇报数据时发现是黄灯，只有 1200 万元，距离 1500 万元还缺 300 万元。这是销售 A 部其中一项目标的完成进度与红黄绿灯。

看与目标的差距，找原因阶段发现其实销售额是 1600 万元，其中 400 万元属于已接单未出货，由于没有到账，所以不计入销售额。这个计算口径确实是年初就统一的，但在销售 A 部表述完后，其中一位高管追问："为什么我们总是有这样的现象呢？"后来通过参会人员之间一来一回的提问交流，发现其实是某些产品的部分零件特殊，量不多，采购周期还长，故导致某些产品的交货周期一直比较长，所以每个月都有这种情况。一般都是提前和采购这种类型产品的客户说清楚来预防和解决客户不满意的问题。

案例一展示了月度经营分析会的前 3 项内容，而纠偏措施是面对某些有特殊零部件的长周期交货产品，销售部和供应链部门联动提高销售预测的准确率，保证部分有特殊零件的产品的出货速度，避免客户过长时间等待收货。

因此，下月行动计划自然有一项是联动做销售预测的具体安排，比如说开一个相关问题的探讨会，进行一个机制的设定，销售部月初根据历史数据，预测一次客户表现，月中过程中有相应变动时应及时联动在相关协作文档中，并及时告知供应链部门及时采买相关产品的特殊零件。一般在下一个月的月度经营分析会中就可以回顾这个行动计划的落地程度和纠偏举措有效性。

另外，要补充说明的是，对于目标正常达标的情况不用过多分析，把时间留给真正需要讨论的问题。但连续达标的情况和达成梦想目标的情况是值得好好分析研究的，是人的原因，具体做了什么，还是某个机制的原因。只有认真分析这些情况，并且好好总结经验，组织才会慢慢培养出把偶然机会变为正常现象的能力。

月度经营分析会的常见流程主要有以下几步：

第一步：主持人介绍会议规则，主要是汇报顺序和时间安排。这一步非常常见，但也常常被人忽视。往往就是现场看情况，谁愿意先汇报谁就先开始，也从不限制时间节奏，有人长篇大论一番也不好制止，故会议一旦开始就是一整天甚至是两天。我们一般要求每个人的汇报在半小时左右，上月行动计划和部门所有目标的红黄绿灯展示在5～8分钟，因果分析在15～20分钟，剩下的时间是纠偏举措和行动计划，以及协同需求的同步。因为不管控时间，会议就会陷入低效陷阱。

汇报流程一般是先由财务部门汇报公司上月的整体经营水平、盈利能力，以及各业务部门的关键数据，让参会人员对上个月的经营状态和本年度到目前为止的经营状态有个整体的认知。然后是重点业务部门的汇报，这是因为这些部门碰到的情况最复杂，需要联动的部门支持往往也最多，这样能在前期大家精力还比较集中的情况下率先进行汇报和相关的讨论分析，中后台支持部门的汇报顺序则靠后。另外，如果在讨论时遇到非常复杂的问题，需要少数部门花费很长时间梳理，建议现场商量日程择日召开专项会议，避免影响经营分析会的进度或造成偏题。但前提是一定在现场就约定好专项会议的时间、参与人，以免后续大家的时间被日常工作填满，或者遇到其他特殊的情况而无法正常推进，导致下一次经营分析会还是面对同样的问题。

第二步：汇报目标完成进度。在这部分汇报的内容一般包含年度目标的必达目标、挑战目标和梦想目标；月度目标的必达目标、挑战目标和梦想目标；目前 1～X 月的目标的累计值，本月目标的红黄绿灯，与上月目标实际达成的环比值，与去年同月目标实际达成的同比值。然而，常见的是只有月度目标的必达目标和红黄绿灯，其实我们首先要展示部门的年度目标，再展示部门的月度目标，保证大家没有在月度目标中忘记年度目标这个"大箭头"。另外要看目标 1～X 月的累计完成值，因为有可能这个月达成或没达成，只是这个月的阶段，而月度分析永远是为了帮助我们完成年度目标，累计值能让我们更好地看到未来几个月与年度目标之间的差距并做好未来几个月的工作节奏安排。最后是环比值和同比值，通过每个月连续的环比值、同比值也许我们能从中找到一些业务甚至是行业的规律，比如每年的淡旺季大概在什么时候，大概什么时候开始起量，什么时候开始倒计时。或者设定的持续改进措施连着几个月来看有没有真的起效，有没有真的落实，因为数字永远不会主动骗人，它是最真实的存在。

第三步：看与目标的差距，分析原因。在这个部分根据与必达目标的差距来寻找原因，找出来的原因一定是有合适的数据图表支撑说明的，而不是简单口述。比如供应链部门的交付及时率没有达成目标，不能简单归因为销售预测数据缺乏准确度和时效性，应该分析没有及时交付的是哪些产品，为什么是这些产品，是因为需求在月末才提出来还是因为这些产品的交付周期本身就是很长，周期很长的原因主要是什么，是某个流程环节还是某些零部件出了问题。寻找原因，首先找内因，然后找外因，最后找可控因素，多问几个为什么。如果发现是因为这些延迟交付的产品都需要某两个特殊零部件，而这些特殊零部件市场上极其少见，所以一直很难采购和少有储备，采购和储备要花时间，那么就要针对这个原因采取针对性措施。

通过深度分析发现有多种解决方式，现阶段加大对该零件的关注与销售预测，提前采购和保有一定存储量，而不是像往常一样等销售订单付款了再去采购，造成出货时间比较漫长。从长远来看，升级改造设计端的工艺，采取内部通用零件替代，以避免这种被"卡脖子"的问题出现，也可以提升降本增效能力。当然还有第三条路，可以通过深挖这类产品的利润水平和销量，进行相应的测算，该类型产品是否值得继续制造与销售，这也是一个决策方向。

在这一步，除了汇报人，其他参会人员也应积极思考提问分析，一起寻找根本原因。常见的提问方向有：

①这个原因有数据验证吗？
②这些数据的来源是哪里？
③除了这个原因还有可能是其他原因吗？
④过往出现过这个情况吗？
⑤以前是怎么解决的？

如果在找根因这一步出现差错，后面的步骤基本失去其原有的意义。

刚刚描述的是我们找没有达成目标的原因，还有另一种情况常常会被我们忽视，就是超额完成目标，很多时候对于完成目标的分析我们都是一带而过，顶多说一两句"不错，继续加油"之类的话，然而，对于超额完成目标或者持续完成目标其实更要好好分析。我们要时刻记住会议的价值是什么，经营分析会除了有分析找到未达成目标的原因，制定策略继续推进目标的达成的目的，还有分析达成目标的优秀经验，不断提升组织能力的目的，甚至这个目的更重要，意义更深远。

案例二：

某电商公司在今年的规划中，要求提高运营能力，在商品的上架、自动化客服方面的能力要求大大提高。同时，要求新产品的及时上架率和一次性上架成功率都要提升，这对多条产品线的员工来说都是巨大的挑战。因为他们的业务模式中有无数的最小有货单位（SKU），过往都是人工挑选上架，现在要求新品要及时上架，很多商品运营部门的员工都没日没夜加班加点上架产品，来回仔细检查，但在月度经营分析会上部门目标还是被打了红灯，或者勉强黄灯。但另外一个产品线团队的商品上架率却在这两个月突飞猛进，并且持续被打了绿灯，所有人都很好奇他们究竟是如何做到的。像这样的情况就必须及时拿出来进行分析，从而将其中的优秀经验传递给整个组织。

后来通过参会人员主动在这个部门汇报时提问，发现他们团队仔细研究了负责的该产线类型产品在平台上上架的规则，在基本原则和字词选择上就避免了被平台审核不通过的风险，然后做了一个系统小插件，内部自动筛选不符合平台原则的商品链接，并提示负责该商品上架的员工修改点是什么，请在什么时候完成修改重新上架。该小组的优秀经验一分享出来立刻受到其他产品线的追捧，纷纷要求去学习观摩，很快其他产品线小组的新产品及时上架率和一次性上架成功率都得到了极大提高。因此，在各种节假日他们公司的产品总是能抢先登录平台，获得大量新流量。

第四步：确认纠偏措施或流程机制。根据找到的原因制定纠偏措施是很重要的一环。这里的纠偏措施应该是由汇报人提前思考并在汇报材料中呈现，其他人则进行提问或者提供其他参考措施。每个部门的纠偏措施或者是每个未达成目标的纠偏措施常常不止一个，在这里最好用表格的方式呈现。每个目标对应的措施有哪几条，如果可以，措施最好做重要性排序。常见的问题是大多数措施都需要跨部门协同，因此纠偏措施的有效性和清晰度必须足够高，现场被大家一致认可，否则在下一个月落地的过程中将会造成极大的人力、物力和时间的浪费。最可怕的是措施不合理导致经营管理节奏被打乱和商业机会的错失，很多机会一旦错过可能这一年甚至好几年都不会再有。

案例三：

某长租房产品公司今年的目标是获得更多周边有更好配套设施的好房源，前几个月签下的房源数量平平，于是决定改变原来的通过客户介绍推荐认识，再逐个通过感情建立和利益捆绑机制等逐渐攻下的方式。改为和市场部联动，举行区域性的市场活动，将房东客户聚集在总部办公场地，使其看见公司的实力，放下内心的担忧。然后在现场进行一系列抽奖娱乐活动，营造签约冲动的场域，从而获得大量签约房源。这种策略的改变，一旦落地将涉及跨部门协同的巨大工作量与各部门签约房源节奏的共同调整。而且一旦被竞争对手知悉下一步动作，就会陷入客户被双向拉入各自活动的选择中，因为房源签约是几年起步，所以一旦失去客户，则 3～5 年内很难在某个区域再赢回来。故各部门之间的攻关工作必须紧密配合，不但要节奏协同，还要节奏紧密。

如果纠偏措施足够有效，这些行为动作将会转化为很强的组织能力。因此，纠偏措施的有效度和落地的清晰度一定要足够高，切不可像前面几章中介绍的，有一个看着不错的措施就写在意向决策中，如果实在没有良策，对于现有策略也一定要做快速小切口实验，小步快跑、迅速迭代。如表 10-1 所示。

表 10-1 纠偏措施

目标	措施描述	重要性排序

除了纠偏措施，很有可能也需要机制的补齐，比如销售预测的机制可以解决销售部门和供应链部门之间更高效协同的问题；比如 OA 流程简化的机制可以减少等待决策的时间；比如新产品质量检测的机制优化可以避免一次性出厂合格率过低的问题。

案例四：

某服装公司在今年产品上新时，出现大批量新品无法按时交付的情况，原因是在服装成衣过审环节过审率极低，因此所有的打版师都在没日没夜地加班加点。分析实际原因其实是面料编码系统有问题，导致打版师大量工作被浪费、多次返工。后来他们的解决措施是两个机制：一是面料编码的流程机制，保证所有的面料第一次接触时就已经是被编码的；二是过审流程的重新梳理，避免所有细节都在成衣环节才被审核。

需要注意的是，第三步原因分析和第四步寻找纠偏措施最好请 CEO 或者第三方咨询师做现场确认。这不但是单个部门月度经营汇报的闭环，也是后续推进纠偏措施时的重要力量来源。

第五步：下月行动计划展示。 在这个部分要展示的是下个月的目标值，以及 1～（X+1）月的目标累计值和下个月的行动计划，这个行动计划主要是对第四步的落地诠释。行动计划与纠偏措施的最大区别是颗粒度，行动计划通常应该包括关键时间节点、关键行动及负责人。这部分可以参考本书第五章关于行动计划的描述，确保计划的落地性和可追踪性。

第二步至第五步都需要整个团队保持极高的注意力和参与度，这也是每位汇报人都需要参与的环节。最后要说明的是在下一次的经营分析会上，第一个环节就是对上个月的行动计划进行跟踪回顾，这个环节能有效确保纠偏措施的落实性，并对纠偏措施的有效性进行验证。如果纠偏措施按计划执行却迟迟没有推动目标的达成，可能在本次经营分析会中要继续寻找其真正的原因或者更有效的措施。如果该纠偏措施没有被执行，也可以考虑询问是落地过程中遇到了什么困难，还是人的意愿度低等问题。

此外，关于经营分析会还有 4 个 "7030" 原则：①30% 的时间回顾目标，70% 的时间明确差距、分析原因、拟定下月的目标和行动计划；②原因分析的时间 30% 分析外部环境和因素，70% 从内部找没达成目标的可控原因；③纠偏措施的时间30%用来描述措施，70%用来讨论、确认、寻找杠杆效应最好的纠偏措施；④30%的时间做"填空题"，70%的时间让参会人员针对"选择题"进行深度讨论分析，提供可选方案。

经营分析会的高效召开及跟进不仅可以有效保证目标完成进度的达成，也可以锻炼核心高管团队的经营思维，让他们在思考与提问的过程中相互激发、相互挑战，从而形成更有全局性、更长远的经营思维。在每月一次的经营分析会中会不断分析，纠偏，提升组织达成目标的能力、深度思考问题的能力、团队协作的能力以及管理能力。

后　　记

　　开始着手写作本书时，我认真研究了大量高效会议相关的理论和方法，从会议准备到会议关键人员，再到书里提到的辨识真问题等，到后面我发现不论是会议还是与人交谈，其实都是一样的，即不要轻易被别人的话带入他的思考模式，很多时候别人的话语或者提问本身就有"坑"。再到后来，我一度陷入分析别人话语中可能的假设是什么，这个假设是不是本身就不合理的逻辑。然后发现，我很容易生气，因为他们的有些假设很难令人信服。再过了一阵子，我发现我不能这样，工作就是工作，不要想在工作中找到和自己的思想观念完全吻合的人，要减少内耗。

　　如果你的工作压力很大，很多时候觉得很烦、很孤独，不妨试试运动，我知道运动很难，但我想最难的是鼓起勇气开始的那一次，后面习惯了就会容易很多。这本书的撰写便是在我跑步那段时间坚持下来的，那时候精力很好，有什么烦心事，跑个 5 公里、10 公里，累得气喘吁吁基本也就不想了，想半途而废的时候会想还有多少公里，要坚持，完成 1/3 了，完成 2/3 了，还有 500 米，还有 200 米……跑完时那种从内心迸发出的成就感是无与伦比的。

　　那段时间我的精气神、生活状态都很好。

　　好像说了一些无关的事情，现在我和身边太多的人都处于精神内耗之中，希望大家能少在无用的地方消耗自己，可以勇敢地追求自己的兴趣爱好，做一些让自己快乐的事。

　　读到这里，本书也进入了尾声，希望阅读这本书的人能够获得相关的知识和技能，或者工作上的启发，但更希望你们能快乐、坚定地做自己。

　　本书的内容很大程度上受在领教工坊、领教商学堂、湖畔创研中心期间的工作经历启发，感谢为我提供相关资料的孙振耀老师、黄震老师，也感谢在出版过程中所有帮助我的人和团队！